JN297928

シリーズ「遺跡を学ぶ」104

島に生きた旧石器人
沖縄の洞穴遺跡と人骨化石

山崎真治

新泉社

島に生きた旧石器人
―沖縄の洞穴遺跡と人骨化石―

山崎真治

【目次】

編集委員
勅使河原彰（代表）
小野　昭
小野　正敏
石川日出志
小澤　毅
佐々木憲一

装　幀　新谷雅宣
本文図版　松澤利絵

第1章　港川人をめぐる謎

1　港川人の発見

沖縄県具志頭村港川の採石場にて

一九七〇年八月一〇日、夕闇の迫る沖縄県具志頭村《ぐしかみそん》（現・八重瀬《やえせ》町）港川《みなとがわ》の採石場で、大山《おおやま》盛保《せいほ》は黙々とスコップを振るっていた。ふと、彼は赤土の中から掘り出された一片の化石に目をとめた（**図1**）。

化石を見慣れた彼の目には、それが動物ではなく人間の骨、しかも頭の骨だということが直感的に理解できた。翌朝、大山はさっそく東京大学人類学教室の渡邊直經《なおつね》教授に人骨を発見したことを電話し、調査を要請した。

連絡を受けた渡邊は、さっそく八月二〇日に現地を訪れ、四日間にわたって大がかりな発掘をおこない、多数の人骨を回収した。渡邊が帰京した後も、大山は一一月まで発掘を続け、最終的には一～四号の四体分もの全身骨格を発見した。港川人の発見である（**図2**）。

港川人とは？

戦後、東京大学人類学教室を主宰した鈴木尚《ひさし》は、最初に港川人の研究に取り組んだ人物である。鈴木は大山の発見について、オランダの人類学者デュボアによるジャワ原人の発見（一八九一年）にも匹敵する「特記すべき成果」と最大限の賛辞を送っている。

鈴木によって復元された港川人はいずれも成年で、一号のみが男性で、二～四号は女性の人骨であった（**図3**）。身長は男性が一五五センチ、女性が一四四センチと小柄であるが、咀嚼《そしゃく》のための顔面構造はきわめて頑丈である。

鈴木によれば、港川人は日本列島の旧石器人を代表するもので、現生人類（ホモ・サピエンス）に分類される。港川人の頭骨の形態的特徴を周辺

図1 ● 港川フィッシャー遺跡での頭骨の出土状況（1970年8月）
写真中央の丸かこみは大山自身が書き込んだもので、
頭骨の出土位置を示す。

地域の旧石器人骨と比較すると、中国北部の山頂洞人とは差異が大きく、中国南部で発見された柳江《りゅうこう》人に近い。また、日本列島の縄文人にも類似するとされた。

鈴木は、港川人の由来を、柳江人などに深いかかわりをもつ中国南部やインドシナ半島北部の原モンゴロイドに求め、彼らが沖縄や日本本土に渡来し、日本列島の旧石器人になったと考えた。

鈴木の研究以後に港川人の形態的分析をおこなった馬場悠男《ひさお》（国立科学博物館名誉研究員）の研究においても、港川人はインドネシアのワジャク人など、南方の人類集団に深いかかわりをもつことが示されている。また馬場は、港川人の身体的特徴を、狭い島での栄養状態の良くない放浪的な生活を反映したものと解釈した。

一方、近年精力的に港川人の形態的研究に取り組んでいる海部陽介（国立科学博物館）によれば、港川人の下顎骨の形態は、日本本土の縄文人のそれとは異なり、かつて東南アジアに分

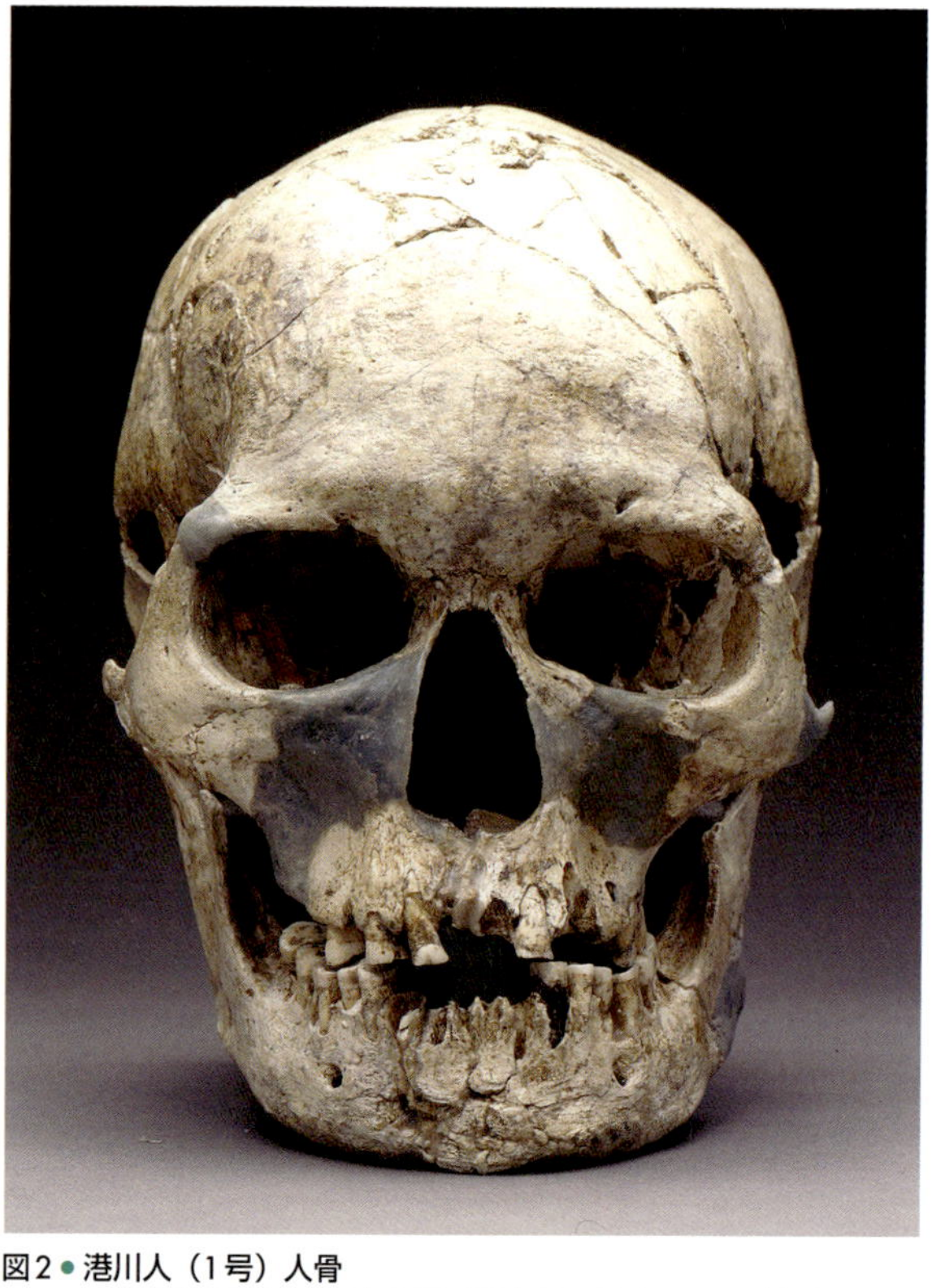

図2 ● 港川人（1号）人骨

成年男性の頭骨。日本の旧石器人骨では唯一、ほぼ完全な形を保った頭骨で、顔だちを復元することができる貴重なもの。

布していたオーストラリア・アボリジニに似た集団に近縁であるという。

海部の説では、港川人は日本本土の縄文人とは系統的につながらない可能性もあるようだ。彼らがその後の日本列島人や沖縄の人びとの祖先となったのか、あるいはその後の人類集団にはつながらない、孤立した集団だったのか、人類学的研究は現在も続いている（図４）。

いずれにせよ、このように日本列島の旧石器時代人の代表例として扱われてきた港川人は、東南アジアから北上してきた集団の一派であるという説が人類学の分野では根強く支持されてきた。

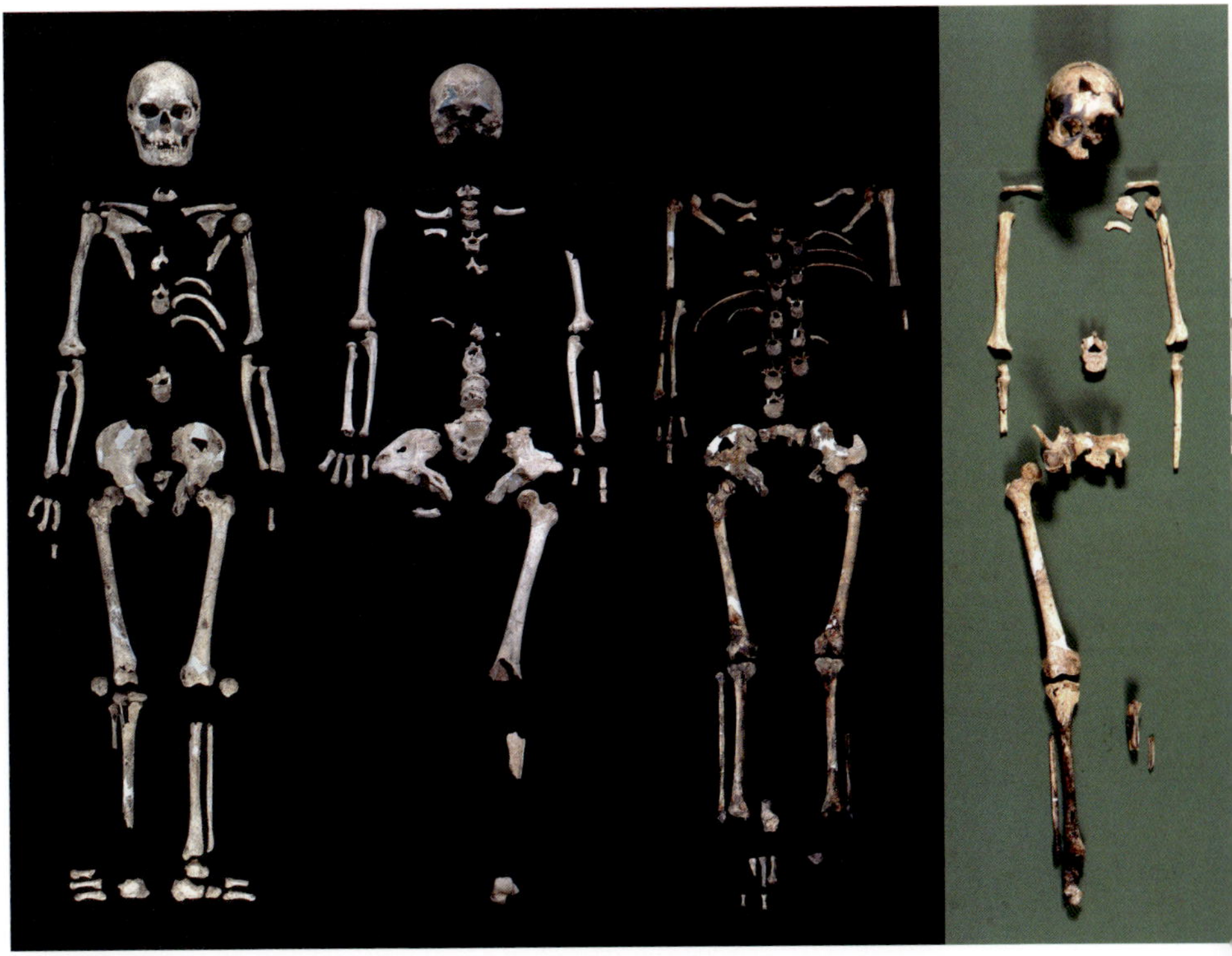

図3 ● 港川人骨
4体分の全身骨格からなり、左から1号（♂）、2号（♀）、3号（♀）、4号（♀）。これほど保存状態の良い旧石器時代人骨がまとまって発見されることは、世界的に見ても稀である。

2　大山盛保の軌跡

戦後沖縄の復興を支えた実業家

港川人の発見者大山盛保は、戦後沖縄の復興を支えた優れた実業家でもあった。

一九一二年一一月、現在の北中城《きたなかぐすく》村に生まれた大山は、戦前、家族とともにカナダに移民した。大山一家は、カナダのバンクーバー近郊で、家族力を合わせて森林を切り開き、広大な農場を経営するまでになった。カナダの豊かな自然の中で過ごした経験から、大山は、ナチュラリストとしての素養を身につけていったようである。

戦後、沖縄に帰郷した大山は、米軍関係の部署で通訳として活躍した。さまざまな場面で沖縄の人びとと米軍との橋渡しの役目を担い、良好な関係の構築に尽力したと伝えられている。

米軍関係の要職を歴任し実績をあげた後も、兄弟とともにOK運輸合資会社を設立し、社長とし

図4●港川人1号の復元
左は沖縄県立博物館・美術館の復元模型。右は海部陽介、坂上和弘、馬場悠男監修による港川人のアジア南方起源説にもとづく国立科学博物館の復元画（画：山本耀也）で、1号頭骨の特徴を反映させながら、眼などにアボリジニ的要素を取り入れている。

て大いに手腕を発揮した（**図5**）。沖縄初の民間給油所の開設をはじめ、カメラや望遠鏡などの光学機器の製造にも取り組み、沖縄の経済産業界に残した功績は大きい。

大山は、琉球史の英雄として知られる護佐丸《ごさまる》の子孫であることを誇りとし、日ごろから考古学や歴史に興味をもっていた。また、戦後の沖縄考古学をリードした多和田真淳《たわだしんじゅん》らとも親交があった（**図6**）。

多和田は、植物学者として沖縄各地で調査をおこなうかたわら、数多くの遺跡や貝塚を発見した沖縄考古学のパイオニアである。また、彼は沖縄の人骨化石に最初に注目したことでも知られる。

沖縄では戦前から、松本彦七郎や徳永重康らによって、絶滅シカ類の化石が各地で発見されることが知られていたが、多和田は一九六〇年代に、伊江島などのシカ類化石の産地から人骨を発見し、学界に波紋を投げかけていた。

図5 ● OK運輸合資会社創業のころの大山盛保（1951年）
大山はカルテックス社と提携し、1951年7月、那覇市泊（とまり）に沖縄第1号の民間給油所を開設した。

発見への情熱

一九六七年一一月一日、五五歳を目前にした大山に転機が訪れる。

当時経営していた農園の、溜め池づくりのために購入した石灰岩の中から、偶然、動物の化石を発見したのである。興味をもった大山は、石材の出所を調べ、沖縄島南海岸にある具志頭村港川の石灰岩採石場にたどり着いた。

地表から二〇メートルあまりの深さまで掘り下げられた採石場の壁面には、幅一メートルほどの細長いフィッシャー（裂罅《れっか》、割れ目）が開口しており、その中に溜まった赤土の中から多数の動物の化石を発見したのである（**図7**）。

発見の知らせを受けた多和田真淳は、化石を鑑定し、さらにくわしく調査するよう大山を激励した。

港川での動物化石発見を伝える一一月一五日付け新聞のインタビュー記事で大山は、すでに人骨発見への期待を述べている。しかしその後、専門家の鑑

図6 ● 大山盛保、多和田真淳、喜舎場朝敬（左から）
多和田は長く琉球政府文化財保護委員会に所属し、沖縄の遺跡保護にも尽力した。喜舎場朝敬（きしゃばちょうけい）はOK運輸合資会社の社員で、大山とともに港川に通い、発掘をおこなった。

定によって、港川で発見された動物化石は、意外にもシカではなくイノシシのものであることが明らかになった。

当時、沖縄のイノシシは、人が持ち込んだブタが野生化したものと考えられており、さほど古いものとは考えられていなかった。このことが、のちのち港川の化石群の年代的位置づけについて影を落とすことになる。

港川フィッシャー発見後の調査の様子については、大山自身の手による詳細なメモが残っている。並はずれた努力家であり、情熱家でもあった彼は、あわただしい仕事の合間をぬって採石場に通い、家族や社員の助けを借りて発掘を続けた。

そしてついに一九六八年一月、フィッシャーの地表下一五メートルの深さから、のちに上部港川人とよばれることになる人骨の断片を発見する。それだけではない。発見した人骨を携え

図７● 発見当初の港川フィッシャー遺跡（1968年ごろか）
中央の割れ目が化石を発見したフィッシャー。港川人はフィッシャーの下部、地表下20ｍの地点で発見された。

て看護学校まで足を運び、現代人の骨格と比較したり、文献に掲載された縄文人骨の形態と比較するなど、人類学者さながらの研究もおこなった。

ちょうどそのころ、東京大学の鈴木尚は、旧石器人骨を求めて日本各地で調査をおこなっていた（図8）。その鈴木のもとに、那覇市の医師平良進を通じて、多和田真淳らが発見した沖縄の人骨化石が持ち込まれたのである。

彼は、これらの人骨が旧石器時代にさかのぼる可能性があると考え、一九六八年三月、沖縄を訪れて現地調査をおこなった。そして三月一九日、多和田らの計らいで、大山は港川から発見したばかりの人骨を携えて鈴木のもとを訪ね、人骨の鑑定を依頼した。

現地調査の結果から人骨化石発見に期待を抱いた鈴木は、一九六八年一二月から六九年一月にかけて、多和田や大山ら沖縄側の現地協力者の全面的な支援のもと、港川フィッシャー遺跡と、当時シカ類化石の産地として知られていた、那覇市山下町第一洞穴遺跡の組織的な発掘調査に着手した。

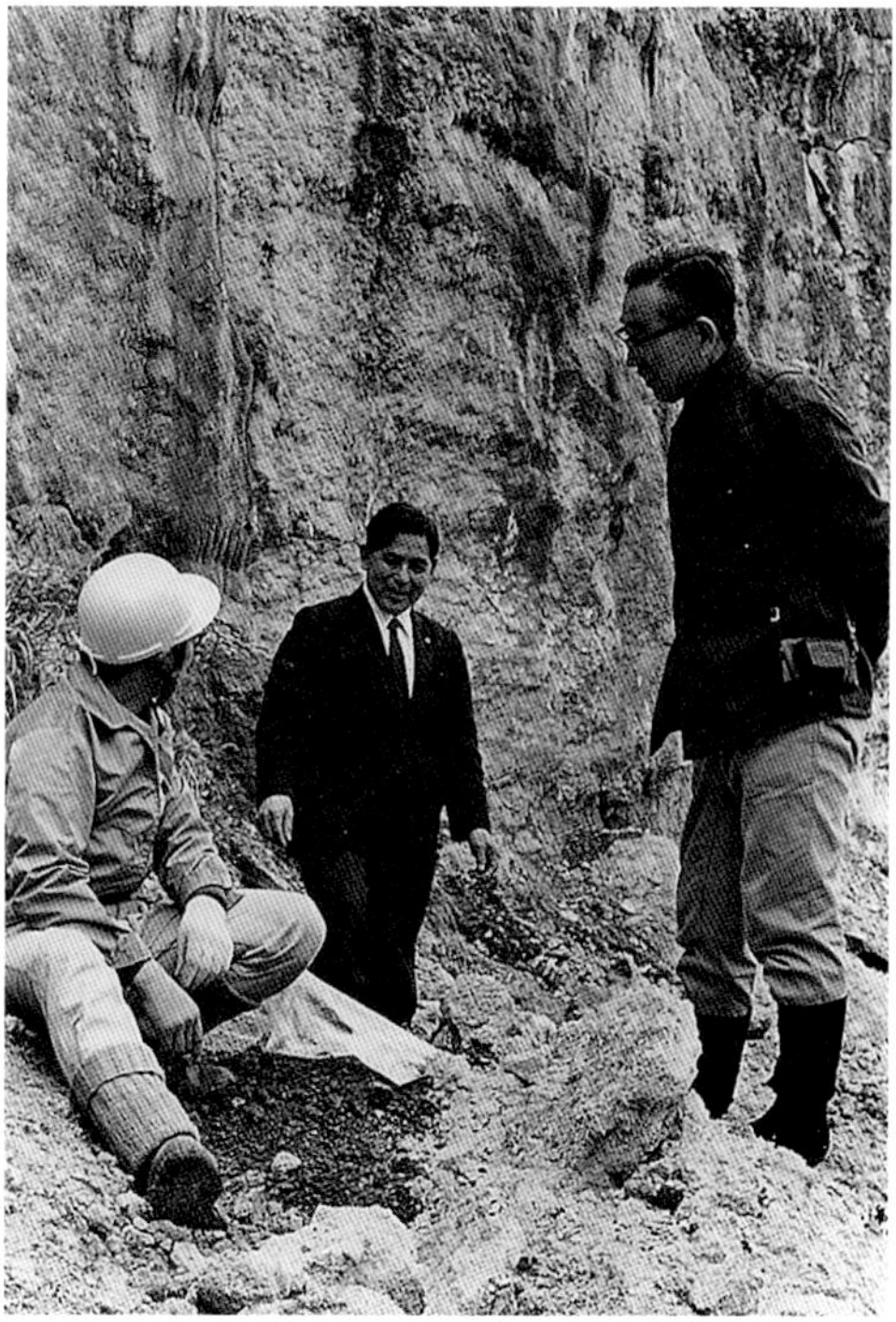

図8●港川フィッシャー遺跡発掘時のスナップ
右から鈴木尚、大山盛保。

旧石器時代の人骨であることを実証

その結果、山下町では多量の絶滅シカ類化石を含む地層の直上に堆積した炭化物層中から、小児の脚の骨（大腿骨・脛骨）を発見し（図13参照）、ともに出土した木炭の放射性炭素年代測定の結果、三万六〇〇〇年前のものであることが明らかになった。一方、大がかりな発掘がおこなわれた港川では、目立った成果をあげることはできなかった。

当時、大学院生として港川の発掘に参加した馬場悠男は、大山が調査団宿舎のホテルから発掘現場まで会社のバスを手配して送迎してくれたことや、発掘の合間に一ドルステーキを二回もごちそうになったこと、大山自らが運転する巨大なクライスラーで島内観光したことを回想している。大山が調査団を手厚く歓待したことがうかがえるエピソードである。

その後、一九七〇年六月に慶応義塾大学で開催された九学会連合シンポジウムにおいて、沖縄の旧石器人骨の調査成果に関する発表・討議がおこなわれた。そこでは、山下町の成果が大きく取り上げられる一方、港川については「まだ旧石器時代のものと断定することはできない」という評価が下された。

港川で人骨とともに出土した動物化石は、今日沖縄に現存するイノシシのものであり、当時イノシシが沖縄に導入されたのは、そう古い時代のことではないと考えられていたためである。

フィッシャーの深部から発見された人骨はきっと古いものに違いない。もっと確実な証拠が必要だ。大山がそう考えたかどうかはわからないが、シンポジウムの二カ月後、大山はしばらく足を運んでいなかった港川の採石場にむかった。

そして八月一〇日、本書の冒頭に紹介した人骨を発見したのである（図9）。

この際、人骨とともに見つかった木炭の放射性炭素年代測定がおこなわれ、これらが約二万年前の旧石器時代のものであることがわかった。同時に、人骨と一緒に見つかったイノシシもまた、はるか昔から沖縄に生息していたことが明らかとなった。大山の発見が、学界の常識を覆したのである。

一方、四体分の全身骨格を含むまとまった数の人骨が、深さ二〇メートルのフィッシャーから発見されたことについては、謎が残った。人骨はなんらかの理由でフィッシャーの中に入り込んだのではないかと考えられた（図10）。

鈴木は、人骨に残された損傷から、港川人は「食人」の犠牲者であり、フィッシャーに投げ込まれたものと考えた。一方、大山は周辺で生活していた人びとが、洪水などの天変地異によって流し込まれたものと考えていたようだ。いずれにせよ、まとまった数の遺体が、たまたま偶然、フィッシャー内に転がり込んだとは考えがたいのである。

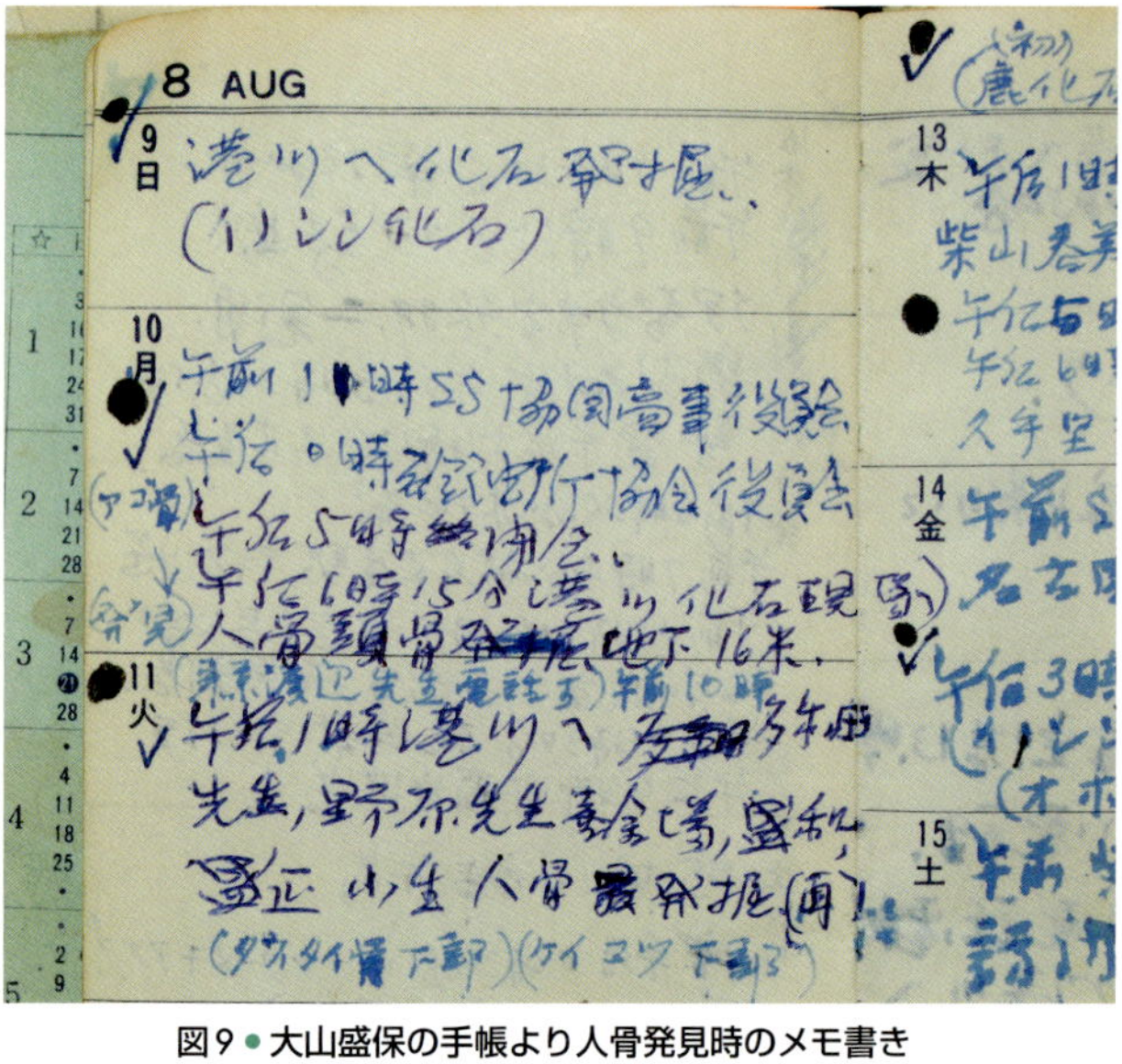

図9 ● 大山盛保の手帳より人骨発見時のメモ書き
1970年8月10日は午後5時まで給油所協会の役員会に出席し、その後、港川の現場で人骨を発見した。

図10 ● 発掘調査のようす（1970年8月以降）
上の写真に見える壁面の白線はグリッドを示す。人骨発見以降は、横2m×縦1mのグリッドにしたがって発掘した。下の図は人骨出土地点の記録。1970年8～12月にかけて大山が記録したもので、図中の枠線がグリッドを示す。発見した人骨の部位と日付が詳細に書き込まれている。

3　化石の島・沖縄

旧石器時代の日本列島と沖縄

旧石器時代の日本列島は、現在とはずいぶん異なる姿をしていた。当時は氷河期にあたり、現在よりも海水面が九〇～一二〇メートルほど低下していたと考えられている。

このため北海道は大陸から突き出た半島の一部となり（古北海道半島）、本州、四国、九州は一つの大きな島になっていた（古本州島）。日本海につながる対馬海峡と津軽海峡は、現在よりもかなり狭い水路であったようだ。

沖縄の島々はどうなっていたのだろうか。沖縄は地殻変動の激しい地域でもあり、かつてはそうした地殻変動説にもとづいて、約二万年前の海面低下期にはアジア大陸から台湾、そして奄美にいたる島々が陸橋になっていたという説もあった。しかし中琉球、南琉球の島々にはそれぞれ固有の動物が多く分布することなどから、こうした陸橋説は現在では支持を失っている。

旧石器時代の沖縄は、海面低下によって、現在よりも多少島の面積は大きくなっていたが、各島群は現在と同様に孤立していたといわれている。

なぜ骨が残るのか

日本列島の最初の住人であった旧石器時代の人びとは、どのような姿をしていたのだろうか。これまで幾多の研究者がこの謎に挑んできた。しかし日本は、国土を主に火山灰からなる酸性

の土壌に広くおおわれ、人骨の保存には著しく不向きである。それでも縄文時代以降になると、洞穴遺跡や貝塚遺跡が多く知られており、そうした場所では稀に人骨が見つかることもある。

ところが、旧石器時代の人骨となると、その出土例は極端に少ない。九州以北の日本列島では、旧石器時代の遺跡が一万カ所以上知られているが、確実な旧石器人骨は、静岡県浜松市で発見された断片的な頭骨片、四肢骨片などからなる約一万七〇〇〇年前の浜北人のみである。

一方、沖縄からは多くの旧石器人骨が発見されている。とくに港川人は顔立ちや体つきを詳細に復元できるほど保存状態がよく、日本の旧石器時代人の代表例となっていることはすでに述べた。なぜ旧石器人骨の発見が沖縄に集中するのだろうか。それは、沖縄の島々の成り立ちと深くかかわっている。

沖縄県そして鹿児島県にまたがる琉球列島は、九州と台湾のあいだ約一一〇〇キロにわたって連なる大小約二〇〇ほどの島々からなる（図11）。これらの島々は、トカラ列島の悪石島と小宝島の間に位置するトカラ構造海峡（トカラギャップ）、および沖縄諸島と宮古島の間に位置する慶良間《けらま》海裂（ケラマギャップ）によって北琉球（大隅諸島）、中琉球（奄美・沖縄諸島）、南琉球（宮古・八重山諸島）の三つに区分される。このうちトカラギャップには、生物地理学的に旧北亜区と東洋区を区分する渡瀬線（この分布境界線の発見者、渡瀬庄三郎の名をとってこうよばれる）が引かれ、以北には温帯系の生物相が、以南には熱帯系の生物相が広がる。

中琉球・南琉球の島々は、約二〇〇～一〇〇万年前にはアジア大陸と陸続きだったと考えられているが、その後地殻変動によって島嶼化が進み、約一〇〇万年前には現在の島々の原形がで

所在地	遺跡名	年代	おもな遺物・遺構	発見年
鹿児島県	立切（中種子町）	3万5000年前	石器・礫群	1997年
	横峯C（南種子町）	3万5000年前	石器・礫群	1992年
	土浜ヤーヤ（奄美市）	後期更新世	石器	1987年
	喜子川（奄美市）	後期更新世	石器・礫群	1987年
	ガラ竿（伊仙町）	後期更新世	石器	2002年
沖縄県	桃原洞穴（北谷町・沖縄市）	後期更新世	人骨	1966年
	大山洞穴（宜野湾市）	後期更新世	人骨	1964年
	山下町第一洞穴（那覇市）	3万6000年前	人骨・石器？	1962年
	港川フィッシャー（八重瀬町）	2万2000年前	人骨	1968年
	サキタリ洞（南城市）	2〜1万年前	人骨・石器	2011年
	カダ原洞穴（伊江村）	後期更新世	人骨	1962年
	ゴヘズ洞穴（伊江村）	後期更新世	人骨	1976年
	下地原洞穴（久米島町）	1万8000年前	人骨	1983年
	ピンザアブ（宮古島市）	3万年前	人骨	1979年
	白保竿根田原洞穴（石垣市）	2万年前	人骨	2009年

図11 ● 琉球列島の旧石器時代遺跡

地図中の水色の部分は、旧石器時代（約2万年前）の海面低下期の海域。徳之島以北では旧石器時代の石器や礫群、落とし穴などの遺構が見つかっているが、人骨は発見されていない。一方、沖縄島以南では旧石器時代の人骨は発見されているが、旧石器時代の文化内容については不明な点が多い。

きあがったと考えられている。長らく孤立していた中琉球、南琉球の島々では、ヤンバルクイナやイリオモテヤマネコなどに代表される固有の動物相が育まれていった（図12）。

また渡瀬線以南の島々には大規模なサンゴ礁が発達しており、喜界島、沖永良部島、沖縄島、宮古島、石垣島などは更新世の隆起サンゴ礁からなる石灰岩（琉球層群）に広くおおわれている。こうした石灰岩地帯では、石灰岩洞穴（鍾乳洞）やフィッシャーがいたるところにある。そして石灰岩には炭酸カルシウムが多く含まれるため、フィッシャーや洞穴に埋没した動物骨や人骨はアルカリ分の作用によって風化からまぬがれ、化石として保存されるのである。

図12●港川人の時代の動物たち想像図（画：城間恒宏）
港川フィッシャー遺跡出土の動物化石にもとづく想像図。リュウキュウジカやリュウキュウムカシキョンとよばれる小型のシカ類や、オオヤマリクガメは更新世の代表的な化石種で、現在は絶滅している。

沖縄人類史の謎

戦前の学界では、沖縄の島々に人類が渡来したのは、たかだか数千年前のことだと考えられていた。そうした中、伊江島のシカ類化石産地を調査した徳永重康は、いわゆる「叉状骨器《さじょうこっき》」を人工品とみなし、旧石器人の存在について議論の口火を切った。

戦後、この「叉状骨器」の類品が沖縄各地から続々と発見・報告された。しかし、一九七六〜七七年、伊江村ゴヘズ洞穴の発掘がおこなわれ、出土した大量のシカ類化石を検討した考古学者の加藤晋平によって、「叉状骨器」はシカが異食症によって、仲間の骨を齧《かじ》ってできた非人為品であることが明らかになった。

一九六〇年代以降、多和田や大山、そしてその後の沖縄の化石調査をリードしていった地質学者の大城逸朗や古生物学者の長谷川善和《よしかず》らによって、続々と沖縄各地から人骨化石が発見されていった。ところが、不思議なことに沖縄の旧石器人骨遺跡からは、旧石器人が製作・使用したはずの道具（石器）や彼らの生活場所に関する手がかりがまったく発見されなかった。

日本における旧石器研究の権威であった芹沢長介は、「旧石器時代遺跡の分布していない地域から、旧石器時代人の遺体が発見されるということは不自然である」と、自身の疑問をはっきり述べている。

唯一の例外は、一九六二年に沖縄大学（当時）の高宮廣衞《ひろえ》が、山下町第一洞穴遺跡から発見した砂岩円礫製の石器三点（**図13**）と、炉跡と推測された焼石をともなう炭化物層であったが、その後も類例が得られなかったため、次第に学界からは忘れられていった。

一方、奄美以北の琉球列島では、一九八〇年代以降、奄美大島や徳之島で旧石器と考えられるチャートや頁岩《けつがん》製石器の発見例が相次ぎ、とくに一九九〇年代以降、種子島では日本最古級の三万年前を越える石器や、礫群、落とし穴などの豊富な遺物・遺構が続々と発見されていった。

旧石器考古学を専門とする加藤晋平や小田静夫は、こうした新たな考古学的発見と、従来から人類学の分野で提起されていた港川人の南方起源説を組み合わせる形で、琉球列島の旧石器文化は、東南アジアの旧石器文化と同様に、不定形な剝片石器を特徴とすること（不定形剝片石器文化）、そして沖縄の旧石器人は東南アジアから黒潮に乗って北上してきたという、いわゆる北上仮説を提案した。

しかし、わずかながらも旧石器が発見されていた奄美はともかく、沖縄ではそもそも旧石器自体が見つからないために、考古学界からの積極的な支持を得ることはできなかった。

こうした沖縄の旧石器人の系譜と文化に関する課題に加えて、もう一つ、大きな課題として残されたのは、約二万年前の港川人の時代以降、約七〇〇〇年前に南島爪形文《つめがたもん》土器とよばれる沖縄最古の土器が

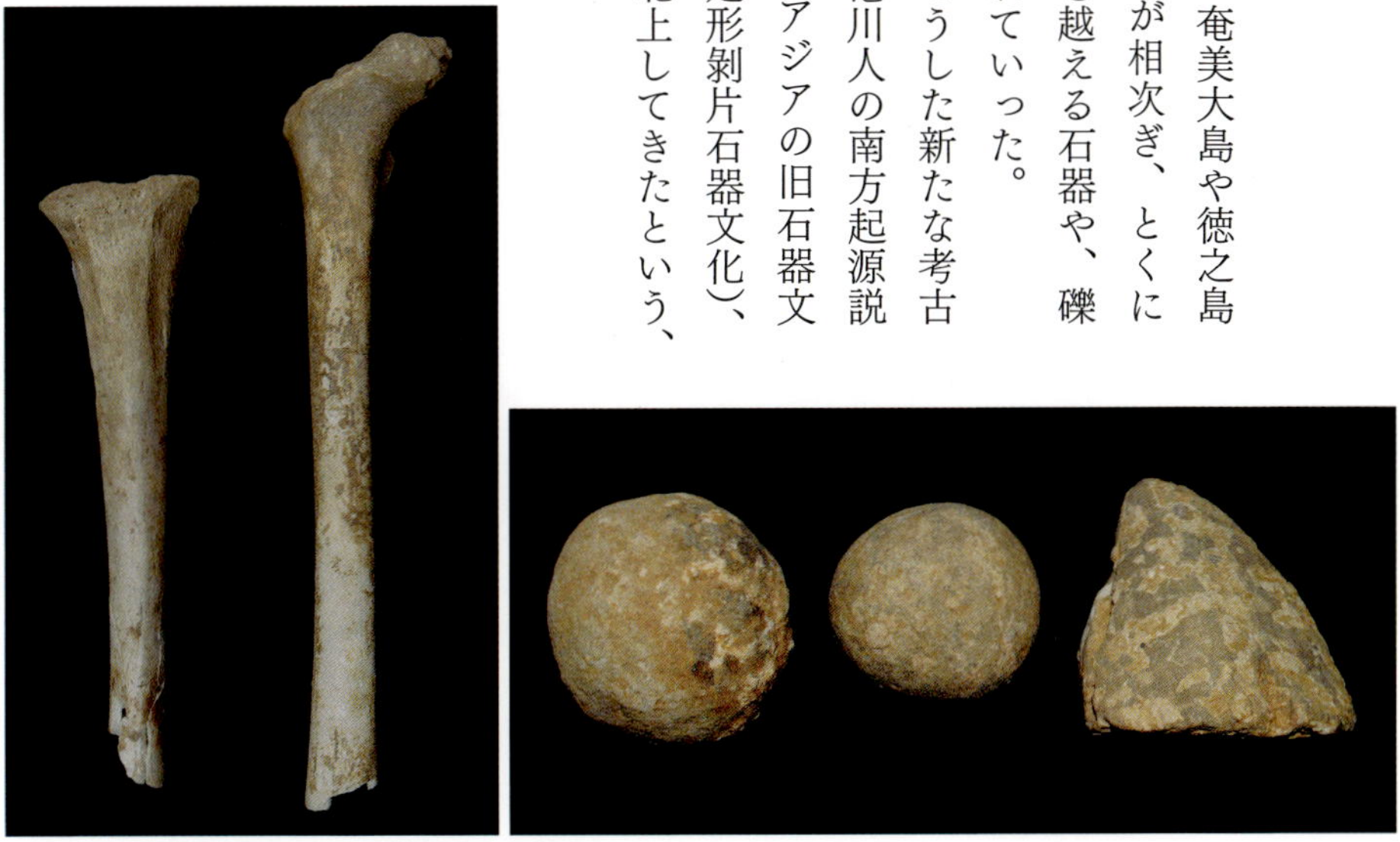

図13 ● 山下町第一洞穴遺跡出土の人骨と石器
左の人骨は小児の脚の骨（大腿骨・脛骨）。約3万6000年前のもので、日本最古の人骨である。右は砂岩円礫製の石器で、人骨と同時期のもの。

登場するまで、一万年以上にわたって人類の痕跡がまったく知られていない空白期が介在することであった（図14）。

このため、港川人に代表される沖縄の旧石器時代人は、その後の人びとにはつながらず、絶滅したのではないかという断絶説も唱えられるようになっていった。多くの研究者が、旧石器発見をめざして情熱を傾けたにもかかわらず、なぜ旧石器は発見されないのか？　時間ばかりが過ぎていき、一種の閉塞感が漂いはじめていた。

長年にわたって沖縄の考古学研究に携わり、県立埋蔵文化財センター所長も務めた安里嗣淳《しじゅん》は、二〇〇〇年に発覚したいわゆる旧石器捏造事件と沖縄の旧石器研究について言及する中で、つぎのように述べている。

「未だに旧石器の知られていない沖縄で、旧石器時代の遺跡や石器を発見することは、それだけですでに大きな学問的貢献である。沖縄の歴史はどこまでさかのぼるのかということへの県民の関心も高いだろう。その発見に挑戦する価値は十分にある。しかし、ここで留意すべきはいたずらにまるで骨董品趣味のように『より古い時期』だけを競い、ロマンを加熱させることを戒め、慎重な学問的検討や手続きを怠らないようにすることである」

その上で、「沖縄には旧石器時代の人と文化は存在しなかったという『結論』に、いずれ至るのではないか」と苦しい胸の内を述懐している。

日本列島の旧石器人を代表する港川人。しかしその港川人が、大きな謎を投げかけているのだった。

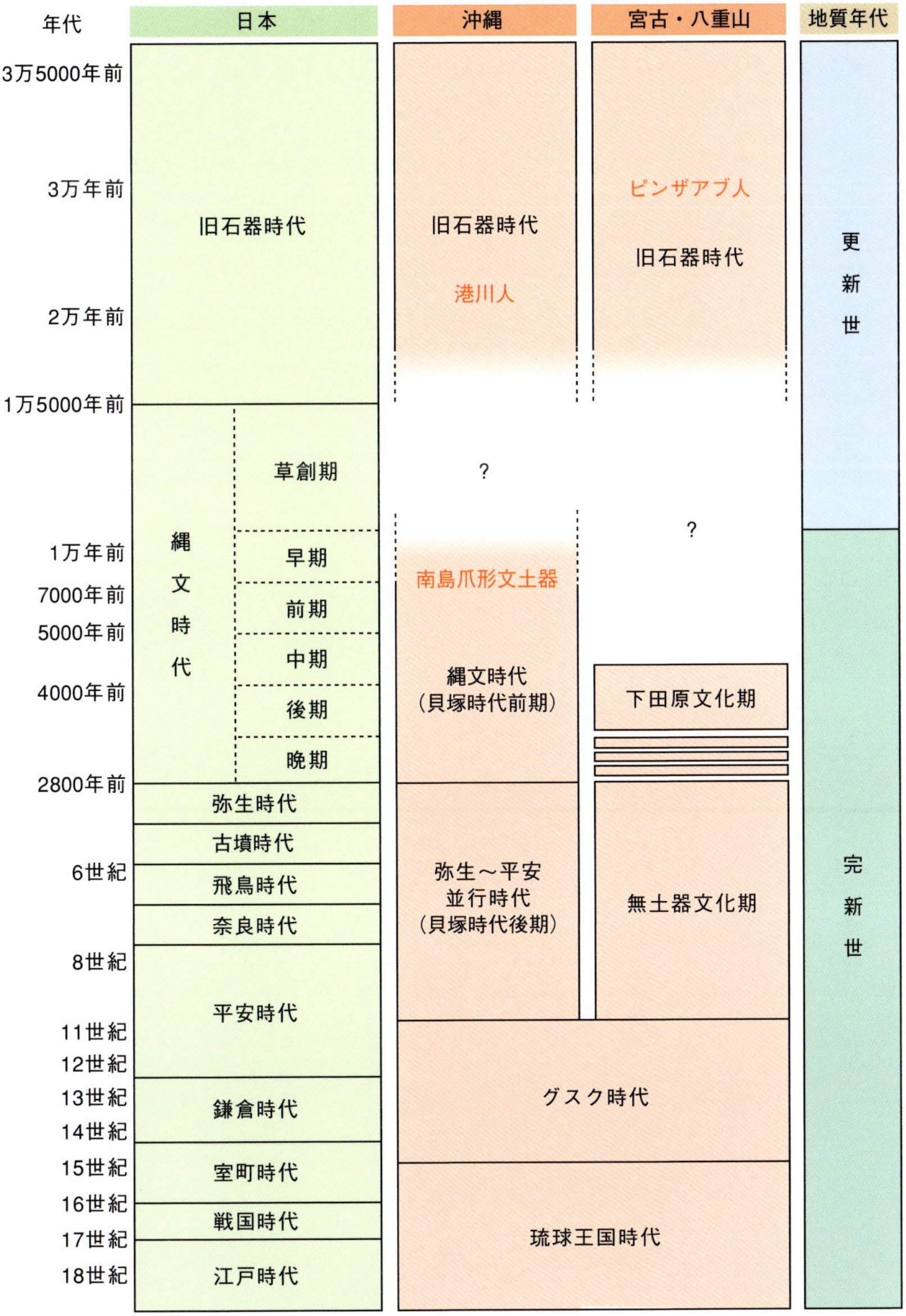

図14 ● 日本、沖縄、宮古・八重山の時代区分
沖縄・宮古・八重山は日本とは異なる歴史をたどった地域であり、グスク時代に農耕が始まるまで、漁猟採集の生活が長く続いた。また、九州の縄文・弥生文化の影響を強く受けた沖縄に対して、宮古・八重山では独自の先史文化の展開が見られる。

第2章　白保竿根田原洞穴遺跡の発掘

1　闇の中の骨

石垣島・白保地区

沖縄島の南西約四〇〇キロの海上に浮かぶ石垣島（図15）。

その面積は約二二九平方キロと、霞ケ浦とほぼ同じ大きさである。地形は起伏に富み、島の中央には花崗岩類《かこうがんるい》からなる沖縄県最高峰の於茂登岳《おもとだけ》（標高五二五メートル）がそびえる。気候は温暖湿潤で、島の北海岸には在来種であるヤエヤマヤシの群落が見られる。

どこまでも続く紺碧の空と海。そしてサンゴのかけらが積もった純白の砂浜。緑の草木、赤い大地。南国特有の強烈な色彩が、この島には満ちあふれている。

石垣島の東海岸に位置する白保《しらほ》地区は、北半球では最大規模のアオサンゴの群落が分布することで知られ、世界各地から研究者やダイバーたちが訪れる。また、この地は一七七一年（明和八）、宮古・八重山諸島を襲ったいわゆる「明和津波」で甚大な被害を受けたことでも知られている。

この津波の遡上高は数十メートルにも達し、白保集落や隣接する宮良集落は壊滅的被害を受けたという。現在でも、白保から宮良に至る海岸では、点在する津波石（津波で打ち上げられた巨大なサンゴの岩塊）を目のあたりにすることができる。

この白保地区の北、のどかな緑のサトウキビ畑や牧草地が広がるただ中に、横たわる牛の背のような形の、一面ススキにおおわれた山がある。カラ岳（カーラ岳、標高一三五メートル）である。

二〇〇六年、このカラ岳の南に広がる丘陵地で、新石垣空港の建設工事がはじまった（図16・17）。

新石垣空港建設と洞穴調査

白保地区の基盤には、トムル層とよばれる中生代の変成岩からなる不透水層が分布し、その上部を大浜層とよばれる更新世の礫層や石灰岩層が不整合に

図15 ● 石垣島北部、平久保半島の遠景
島の周囲にはサンゴ礁（リーフ）が広がり、
リーフエッジの先には深い海が続いている。

おおっている。このうち、石灰岩層は主に空港建設予定地の北半部に分布し、基盤のトムル層とのあいだに地下水脈によって各所に洞穴が形成されていた。このため、本格的な建設工事に先立って、洞穴の測量調査が実施された。

通常の測量と異なり、洞穴の測量には専門的な技術と知識が必要である。人ひとりが腹ばいになってやっと通れるほどの狭く暗い洞穴の中で、方位や距離を正確に計測し、記録するのは骨の折れる作業である（**図18**）。

測量調査を担当したのは、かつて沖縄で先駆的な洞穴調査を実施した、愛媛大学探検部出身の山内平三郎を中心とするチームであった。山内らによる測量調査の結果、空港建設予定地内には、西から東に予定地を横切る形で計五本の地下水脈（洞穴）があることが確認された。

このうち、便宜的にC1洞と名づけた洞穴で、山内らは洞内各所から動物骨や人骨などの遺物を

図16 ● 新石垣空港建設工事現場のようす（2008年）
写真奥に見える山がカラ岳で、その手前に新石垣空港建設工事の現場が広がる。右には白保の海岸線が見える。

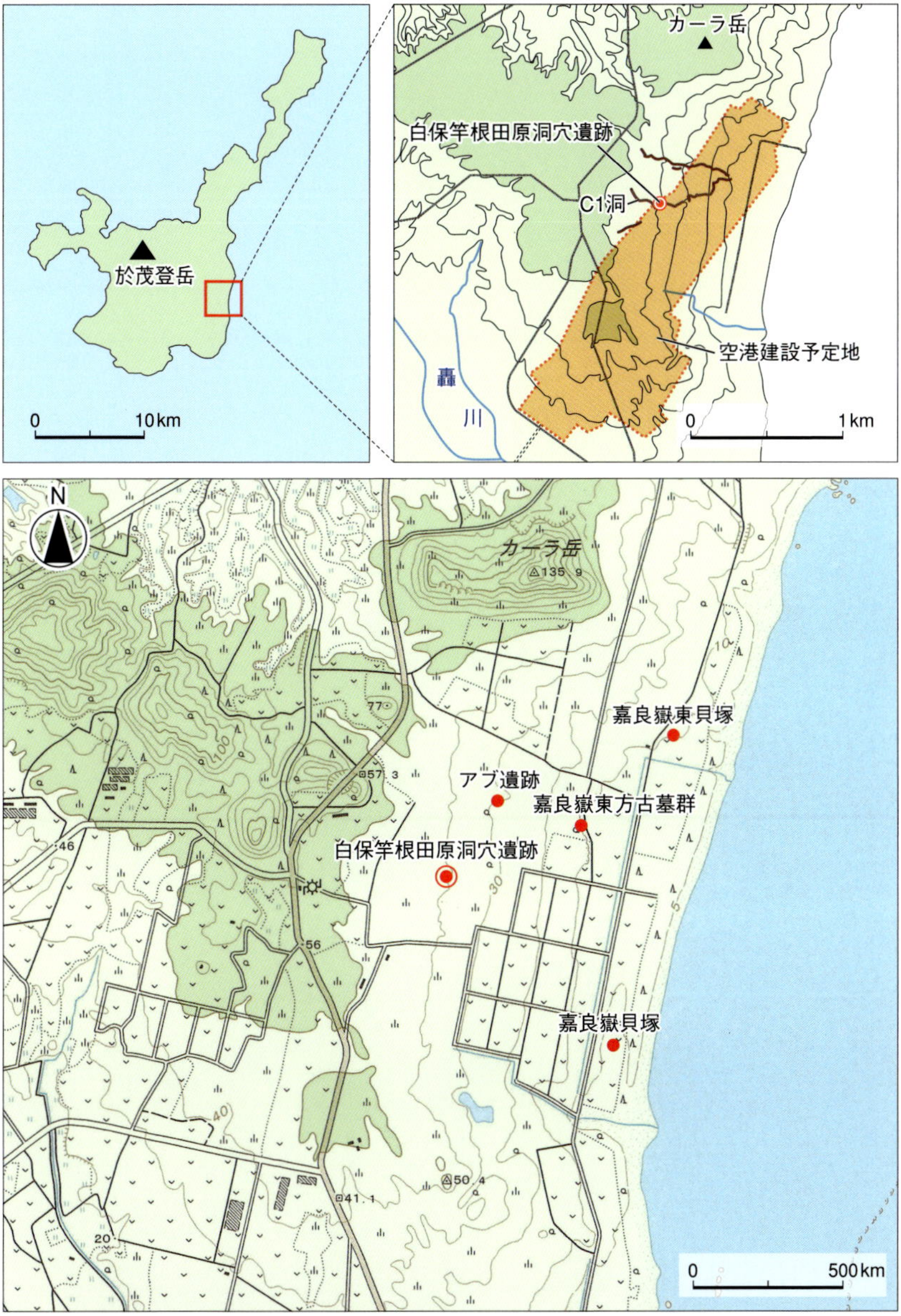

図 17 ● 白保竿根田原洞穴遺跡の位置と周辺の遺跡
遺跡は現海岸線から約 700ｍ内陸の標高 30 ～ 40ｍの地点にある。
周辺の嘉良嶽（からだけ）東貝塚や嘉良嶽東方古墓群では、明和津波を含むグスク時代以降の津波堆積物が検出されている。

発見した。この場所は、洞穴の発達にともなって巨大化したホール（空間）が崩壊し、崩落岩塊などで埋没した部分で、折り重なった崩落岩塊の隙間をぬうように連なった狭小な空間のあちこちから、人骨や動物骨がみつかったのである。

とくに化石ホールと名づけられた地点では、褐色土の厚い堆積が見られ、げっ歯類（ネズミの仲間）を中心とした多量の動物骨が含まれていた。二〇〇八年五月、山内らがこの堆積層の調査をおこない、頭骨片など計三点の人骨を発見した（**図19**）。

出土した人骨の鑑定は、琉球大学の人類学者、土肥直美が担当した。人骨はたしかに古そうに見えたが、高温多湿な沖縄では短期間で化石化することもあるため、外見だけで人骨の年代を判断することはむずかしい。最終的に化石ホールから回収された人骨は四点に

図18 ● 洞穴内の測量調査
洞穴内でこうした機器を用いて精度の良い測量をおこなうためには、相当の熟練が必要である。

のぼり、頭頂骨、腰椎、中足骨、腓骨と同定された。

その後、化石ホールから回収された獣骨（イノシシ）について放射性炭素年代測定がおこなわれ、一万四〇〇〇年前という結果が得られた。このことは、化石ホールの堆積物が旧石器時代にさかのぼる可能性を示唆するものであった。

こうした結果を踏まえて、山内らはC1洞が遺跡であること、そして考古学的調査をおこなう必要があることを訴えた。しかし、化石ホールは人ひとりがやっと通り抜けられる狭小な通路の奥深くにあり、通常の考古学的発掘をおこなうことは不可能であった。

白保竿根田原洞穴遺跡の発見

このため、二〇〇八年八月から九月にかけて沖縄県立埋蔵文化財センターがおこなった試掘調査では、化石ホール直近の地表部分から重機で掘削

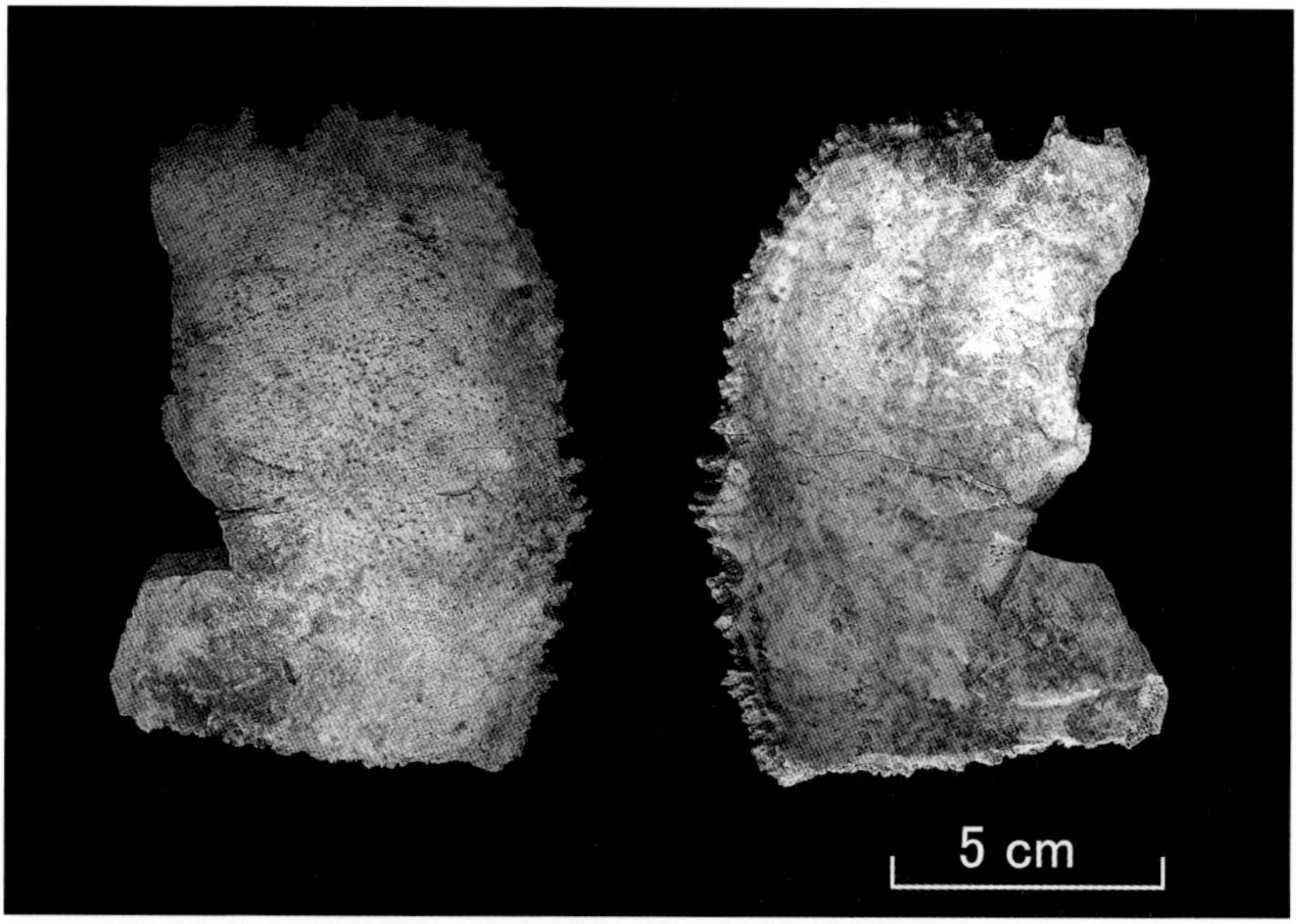

図19●化石ホールから発見された人骨（頭頂骨、左：外面・右：内面）
よく化石化した右側の頭頂骨片で、頑丈である。残存する縫合面はまだ癒合が進んでいない。以上の特徴から、20～30歳代前半の男性の人骨と考えられる。

図20 ● カラ岳から見た白保竿根田原洞穴遺跡の遠景（2008年）
写真中央の重機付近が遺跡。周辺のくぼ地は自然地形ではなく、浸透ゾーン造成のために掘削したもの。

図21 ● 2008年8月の試掘調査のようす
本来の洞口は別の地点にあったが、化石ホール堆積層の調査のために、洞穴の天井部分を除去して進入経路を確保しているところ。

し、洞穴の天井部分を除去しつつ、作業人員が進入可能な通路を確保していった（図20・21）。

この試掘調査で発見された遺物はごくわずかで、地表から洞穴内に流れ込んだものと判断された。洞穴を人類が利用したことを示す、まとまった遺物は確認されなかったのである。

しかし、この結果に疑問をもった山内らの訴えにより、二〇〇九年七月、再び沖縄県教育委員会と関連分野の専門家による確認調査が実施された（図22）。この時点では、すでに周辺の工事が進み、洞穴の天井部分も除去され、洞穴とその周辺はすり鉢状の窪地となって、旧地形をとどめていない状態であった。

しかし、化石ホール内の堆積層の延長部分と推定される露頭から、人骨（前頭骨片）一点および小動物骨が出土することが確認され、別の地点からは人工遺物として磨石類も採集された。これを受けて、C1洞は埋蔵文化財包蔵地として周知されることと

図22 ● 2009年7月の化石ホール地点のようす
天井部分が除去され、くぼ地になっている。このくぼ地は水流のある下部洞穴に続いている。重機のバケットの左側に見える転石付近の露頭から人骨が出土し、化石ホールの堆積層の延長部分が残存していることがわかった。

なり、白保竿根《しらほさおね》田原《たばる》洞穴遺跡と名づけられた。

新空港の設計上、遺跡は滑走路脇に設置が予定されていた赤土流出防止のための浸透ゾーン（沈砂池）にあたっており、掘削予定となっていた。このため、関係機関との調整の結果、沖縄県立埋蔵文化財センターによる緊急発掘調査が実施されることになった。

人骨の年代は？

こうした一連の調査・調整と併行して、化石ホールから回収された五点の人骨と、洞穴内の別地点から回収された四点の人骨について研究が進められた。

人骨が含まれていた化石ホールの堆積物には、多くの小動物骨が含まれていたが、不思議なことに土器や石器など、年代を示唆するような遺物は含まれておらず、層序的な位置づけも不明であった。このため、土肥直美と共同で沖縄の古人骨について研究をおこなっていた東京大学の人類学者、米田穣《みのる》が放射性炭素年代測定を実施することになった。

米田らは、人骨そのものの年代を測定するため、人骨から骨片を切り出し、その骨片からタンパク質（コラーゲン）を抽出して、年代測定をおこなうという手法を試みた（図23・24）。

古人骨に関するこうした理化学的分析は、近年、世界各地でさかんになっており、年代測定だけでなく、安定同位体比分析やＤＮＡ分析など、多角的な研究をおこなっている。形態的研究の対象とはならないような断片的な人骨であっても、こうした分析によって、集団相互の遺伝的な系統関係やどのような食物を摂取していたのかといった、考古遺物の分析からだけでは

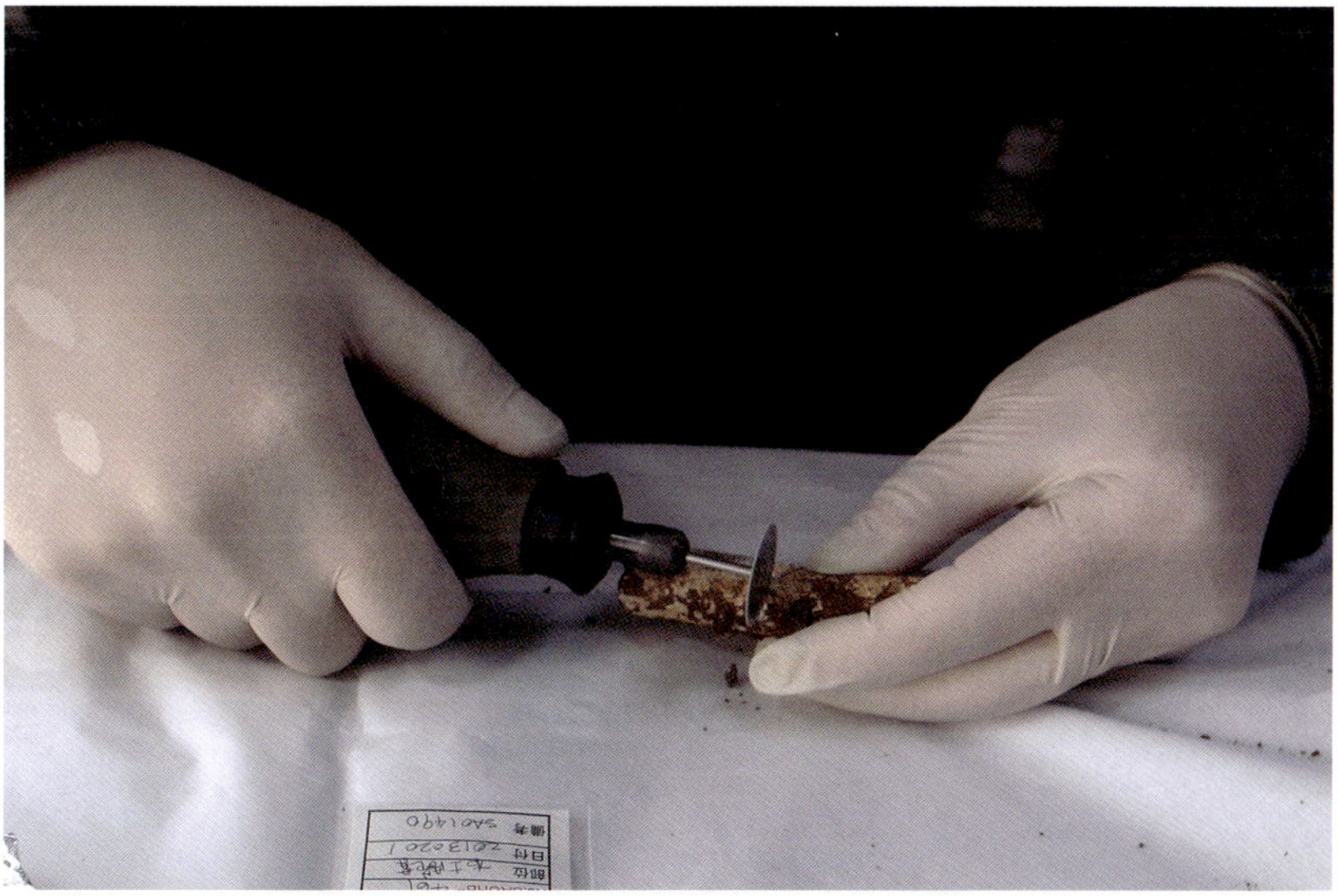

図23 ● 人骨のサンプリングのようす
電動ロータリーツールで人骨から骨片を切り出す。貴重な人骨を破壊する作業でもあるため、どの部位から、どれだけの量のサンプルを切り出すか、慎重な検討がおこなわれた。

図24 ● 人骨から抽出されたコラーゲン
保存状態が良いと、こうしたスポンジ状のコラーゲンを抽出することができる。

知ることのできない貴重な情報が得られることもある。

たとえば、二〇一〇年には、シベリアのデニソワ洞穴で発見された約四万年前のヒトの歯と指先の骨から、現生人類（ホモ・サピエンス）ともネアンデルタール人とも異なる人類集団（デニソワ人）のＤＮＡが検出されたというニュースが、世界中に大きな衝撃を与えた。年間を通して冷蔵庫のような環境にあるシベリアでは、骨に含まれるコラーゲンやＤＮＡが保存されやすく、わずかな量の骨片からでも有益な情報が得られる場合もあるようだ。

しかし一般に、古人骨では経年変化によってタンパク質やＤＮＡが分解されやすいため、その分析は現生の試料にくらべて格段に困難である。とくに、沖縄のように高温多湿な環境では、一般に有機質の分解は早く、コラーゲンやＤＮＡの保存も非常に悪い。

沖縄では、これまでにも港川人をはじめとする古人骨について、こうした手法にもとづいて放射性炭素年代測定が試みられたことはあったが、旧石器人骨について年代が得られた事例はなく、縄文時代以降の人骨でも年代測定に成功した事例は少ない。

九州以北の日本でも、人骨そのものから年代測定に成功した旧石器人骨は、約一万七〇〇〇年前の浜北人骨のわずか一例に過ぎない。白保竿根田原洞穴の人骨について、はたして年代測定が可能なのか、注目が集まった。

二〇一〇年二月、沖縄県庁で記者発表がおこなわれ、米田らによる人骨の放射性炭素年代測定の結果が明らかにされた（**図25**）。化石ホールから回収した人骨五点のうち、三点から年代が得られ、それぞれ二万四〇〇〇年前、二万二〇〇〇年前、一万九〇〇〇年前という結果であった。また、化石ホール以外の地点から回収した人骨についても分析した結果、二三〇〇〇年前の無土器文化期の人骨と、九〇〇年前のグスク時代の人骨が含まれていたことが判明した。

旧石器人骨発見のニュースは日本中をかけめぐった。洞穴の闇の中から姿をあらわした旧石器人骨は、大勢の記者たちのカメラのフラッシュを浴びることになったのである。

こうした事態を受けて、日本人類学会は「白保竿根田原洞穴遺跡の保護と調査についての要望」（二〇一〇年四月一二日付）を関係機関に提出し、遺跡の保護・保全と精密な発掘調査の実施を要望した。また七月三一日には、石垣市教育委員会と日本人類学会が共催で、シンポジウム「白保竿根田原洞穴と旧石器時代人骨の発見」を石垣市民会館で開催した。当日は一〇〇名を超える市民が集り、貴重な遺産として遺跡の保存を求める声があがった。

図25●調査研究に携わったメンバーと発見された人骨
左から土肥直美、山内平三郎、米田穣、中川良平。手前は発見された人骨。2010年2月に沖縄県教育庁でおこなわれた記者発表の際のスナップ。白保竿根田原洞穴遺跡の人骨は、沖縄の旧石器人骨としては初めて、人骨そのものからの年代測定に成功した画期的な事例となった。

2　未知の時代を掘る

八重山諸島の先史時代

骨そのものから年代が測定できたという点で、白保竿根田原洞穴の人骨は、沖縄の島々に旧石器人が渡来していたことを示す、信頼性の高い科学的証拠となるものであった。さらに、旧石器人骨の分布が知られていなかった八重山諸島からの発見という点でも、注目を集めるものであった。

発掘調査によって、従来未解明であった沖縄の旧石器人の文化やその後の時代の人びととの関連が明らかにできるかもしれない、そんな期待が高まった。しかし、それは同時に、考古学的には「未知の時代」を相手にした発掘であることをも意味していた。

八重山諸島の先史時代は、沖縄諸島とは異なり、未知の点が多い。白保竿根田原洞穴遺跡の発見以前に知られていた八重山諸島最古の遺跡は、約四〇〇〇年前の下田原《しもたばる》文化期のもので、下田原式土器（図26）とよばれる特徴的な赤色厚手の土器をともなう貝塚遺跡が知られている。その後、約二〇〇〇年前ごろからは無土器文化期となる。この時期の遺跡には土器がなく、シャコガイでつくった貝斧や石蒸し調理のための施設と考えられる集石遺構がある。下田原文化や無土器文化は、与那国島や宮古諸島まで分布するが、九州の縄文・弥生文化の影響を受けた沖縄諸島の先史文化とは関係のない別系統の文化と考えられている。

沖縄島と宮古島の間には二五〇キロにわたる広大な海水面が横たわっており、先史時代にはこの間を往来することは至難の業だったようだ。両地域に共通の文化が分布するようになるのは、グスク時代以降のことである。

発掘に挑む

発掘への期待が高まる一方で、当初人骨が採集された化石ホールの旧地形は大きく改変されており、旧石器時代の堆積物がどの程度保存されているのか、予測は困難であった。

そうした中、二〇一〇年九月から一〇月にかけて、沖縄県立埋蔵文化財センターが白保竿根田原洞穴遺跡の緊急調査をおこなうことになり、同センターの片桐千亜紀が調査を担当することになった。私も調査支援という形で現地の発掘に携わることとなった。

待望の旧石器時代遺跡の調査ということもあり、調査にあたっては発掘の指導、助言をおこなう組織として、考古学、人類学、地質学の有識者からなる白保竿根田原洞穴総合発掘調査委員会（委員長：馬場悠男、副委員長：安里嗣淳）が設置された。

組織的な発掘調査は、主として旧石器人骨が採集さ

図26● 下田原式土器
浅い器形と牛角状把手を特徴とする赤色厚手の土器。深鉢形主体の縄文土器とは系統的関連のない、南方系の土器と考えられているが、台湾やフィリピンにも類例はなく、その起源は謎である。

れた化石ホール地点を対象とした。また、化石ホール地点以外の部分についても、工事にともなって破壊される範囲について、洞穴内各所で試掘調査がおこなわれた。

調査隊が現地入りした九月。石垣島は、まだ焼けつくような暑さだった。空港建設の工事現場は、吹き付ける海風に土埃を舞い上げながら、三階建てのビルほどもある巨大な重機が行き交い、日を追うごとに地形がめまぐるしく変化していった。そんな工事現場のただ中に、浮島のように白保竿根田原洞穴遺跡が取り残されていた（図27）。

遺跡の広がりや層序など考古学的脈絡はまったく不明だったため、まずは工事にともなう瓦礫を取り除く作業から着手した。

重機で掘削工事にともなう造成土を除去した結果、遺物を含む地層が周辺に大きく広がることが明らかとなり、調査対象面積は一七〇平方メートルにおよぶことになった。

図27 ● 白保竿根田原洞穴遺跡の発掘現場
写真中央の一段高まった部分が遺跡。空港の浸透ゾーン建設のため周囲は掘削され、遺跡部分だけが島状に取り残されている。

遺跡の層序を明らかにする

造成土を取り除くと、化石ホール地点周辺の基盤岩はすり鉢状の窪地となっており、この窪地内にたまった堆積物中に遺物が含まれていることがわかった。

洞穴の天井部分は、二〇〇八年八・九月の試掘調査の際に除去されたため、旧地形を厳密に確認することはむずかしいが、この場所は、かつて洞口付近の陥没ドリーネ（すり鉢状の凹地）であったものが、洞穴の崩壊の進行によって埋没したものと考えられた。

したがって、化石ホールも発見当時は洞穴の奥深くに位置する小部屋となっていたが、化石を含む堆積物の流入時点では、付近に開口部が存在していたと考えられる。

このドリーネ内に溜まった堆積物は、上から順に、暗褐色砂混土層（Ⅰ層）、褐色砂礫層（Ⅱ層）、暗褐色粘質土層（Ⅲ層）、暗褐色土層（Ⅳ層）に区分することができた（**図28**）。このうちもっとも下部のⅣ層が、旧石器人骨を含む化石ホールの堆積物の延長部にあたる。発掘は上層から下層へ順次進められた。

最上部の砂混土層（Ⅰ層）からはグスク時代の土器や陶磁器が出土し、炉跡も見つかった（**図29**）。炉跡が見つかったということは、かつてこの洞穴に人が立ち寄り、火を焚いたことを示している。これは大きな発見だった。

これまで、沖縄ではこのような洞穴遺跡の発掘例は少なく、洞穴内から遺物が出土する場合でも、本来の活動拠点は洞穴外の地上にあり、そこで生じた遺物が洞穴内に流れ込んだと考えられることが多かった。

層名		層相	年代	おもな遺構	おもな遺物	備考
Ⅰ		暗褐色砂混土層	グスク時代〜近世	炉址	グスク土器・陶磁器 人骨・獣骨・貝類	
Ⅱ		褐色砂礫層	無土器文化期〜 グスク時代			津波堆積物
Ⅲ	A	暗褐色粘質土	下田原文化期〜 無土器文化期	炭化物集中部 礫敷遺構 崖葬墓	下田原式土器 石器 人骨 獣骨（イノシシ） 貝類・魚骨	
	B		完新世初頭		人骨・石器 獣骨（イノシシ）	
	C		旧石器時代	人骨集中部	人骨・小動物骨	
	D		旧石器時代			遺物が乏しい
	E		旧石器時代		人骨・小動物骨	
Ⅳ		暗褐色土	旧石器時代		人骨・小動物骨	

図28 ● 白保竿根田原洞穴遺跡の層序

Ⅰ・Ⅱ層は砂質、Ⅲ・Ⅳ層は粘土質の堆積物で、Ⅲ・Ⅳ層中には石灰岩礫や崩落した鍾乳石が多く含まれており、発掘は困難をきわめた。上写真のⅣ層部分にみえる空隙は、二次的に形成された吸い込み穴。

二次的に流れ込んだ堆積物であるならば、そこから出土する遺物には重要なものも含まれている可能性はあるが、遺跡としての価値は集落遺跡や墓地遺跡などにくらべて大きく劣ることになる。

しかし、この洞穴には過去の人類の活動痕跡が良好な状態で埋没しているかもしれない。そんな手ごたえを感じつつ、さらに下層へ掘り進んだ。

グスク時代以前の大津波の痕跡？

グスク時代の砂質土層の下には、厚さ約五〇センチの無遺物の砂礫層（Ⅱ層）が分布していた。遺跡は標高約三〇メートルの石灰岩台地にあり、よく考えれば、このような場所に砂礫が堆積しているのは奇妙なことである。

この問題について、遺跡の視察に訪れた神谷厚《こう》昭《しょう》（金城町石畳地質研究所）と仲里健《たけし》（沖縄県立博物館・美術館）が重要な指摘をした。この砂礫層は、津波によって運搬された堆積物ではないか

図29 ● Ⅰ層から見つかった炉跡
直径1mほどの範囲に白っぽい灰と黒色の炭化物が集中しており、その周囲に赤く焼けた焼土が分布している。まさにこの場所を人が利用したことを物語る重要な証拠である。

というのである。砂礫層中には海浜に由来すると見られる有孔虫や二枚貝、巻貝、サンゴ片が含まれており、砂礫層の上部には軽石の集中する部分も見られた（図30）。

本章の冒頭でも触れたように、白保地区は明和津波で大きな被害を受けたことで知られている。本遺跡と同様の津波堆積物は、過去に近隣の嘉良嶽《からだけ》東貝塚や嘉良嶽東方古墓群でも確認されていたが、いずれも明和津波を含むグスク時代以降のものと推定されていた。

旧石器時代の発掘をめざした白保竿根田原洞穴遺跡で、明和津波のはるか以前に、この地域を大規模な津波が襲ったことを示す証拠が見つかったのは意外な成果であった。

下田原文化期〜無土器文化期の土器片や礫石器

この砂礫層の下位の褐色粘質土層は固くしまった堆積物で、いかにも古そうに見えた。問題はこの地層中に人類の活動痕跡がどの程度残されているかという点である。

発掘開始から一週間が過ぎた。連日の猛暑の中、落盤礫を取り除きながらの発掘作業は困難をきわめた。一方、褐色粘質土層中の最上部（ⅢA層）から、イノシシの骨や海産のシャコガイやタカセガイ（サラサバテイ）などの貝殻が少しずつ顔をのぞかせはじめた。磨石などの礫石器や炭化物が集中する地点や（図30）、礫敷遺構も見つかった（図31）。

そして、わずかながら粗い砂粒を含んだ分厚い土器片も見つかった。当時、八重山諸島で最古の人類文化とされていた約四〇〇〇年前の下田原式土器と考えられるものであった。後の年代測定によって、ⅢA層は下田原文化期〜無土器文化期のものであることがわかった。

図30 ● ⅢA層で見つかった石器と炭化物集中部
写真右下の竹串はⅢA層中の炭化物の集中部を示す。写真奥の壁面に見える上下の白線の間は、津波の堆積物と考えられる砂礫層（Ⅱ層）。左上は、砂礫層に含まれる枝サンゴや有孔虫、ウニのトゲなど（スケールバーは5mm）。

図31 ● ⅢA層で見つかった礫敷遺構
人為的に持ち込まれたと考えられる変成岩の角礫が集中している。下田原文化期のものと見られる。

一万年前のイノシシの骨発見

褐色粘質土層中の上部（ⅢＢ層）では、下田原式土器や海産の貝殻は見当たらなくなり、イノシシの歯牙や四肢骨など獣骨がまとまって見つかるようになってきた。そして発掘開始から三週間後の九月二一日、ついに人の臼歯も見つかった。

このⅢＢ層中からは、少量ながら、火成岩の礫やチャートの石片、石英製の剝片類が出土した（**図32**）。このうち石英は、遺跡近辺の変成岩層中からも再結晶した石英脈として産出するが、火成岩やチャートは遺跡近辺には分布しておらず、人の手によってこの場所に持ち込まれたと考えられる。

これらの遺物は一体いつごろのものなのだろうか？　調査隊の中で議論になった。イノシシの骨は化石化して青みをおび、いくつか発見された臼歯は、かなり大型の個体のものであった。港川やピンザアブなど、沖縄の旧石器時代遺跡から発見

図32●ⅢＢ層から出土した火成岩円礫（中央）**と変成岩円礫**（右下）
周囲からはイノシシの四肢骨や歯牙がまとまって出土した。左上はⅢＢ層から出土した石英製剝片（スケールバーは1cm）。

されるイノシシは、一般に現生のものよりもサイズが大きいことが知られている。

白保のイノシシもやはり古い時代のものではないか、と私は考えた。しかし、それを証明するためには年代測定をおこなうほかない。年代測定用のサンプルを米田のチームに託し、結果を首を長くして待ちわびた。

一〇月一二日、私たちのもとに年代測定の結果が伝えられた。イノシシの骨で放射性炭素年代測定が実施された結果、ⅢB層は約一万年前のものであることがわかった。今回の発掘の最大の目標である旧石器時代には届かなかったが、これまで八重山諸島では人類の痕跡が知られていなかった時代のものであることがわかったのである。

最終的にⅢB層からは一五五点のイノシシ骨を回収し、そのうち四点には人為的に解体されたことを示す切痕（カットマーク）が見つかった。

さらに下層には、二万年前にさかのぼる地層（Ⅳ層）が分布していることがわかっている。白保竿根田原洞穴は、当初、人骨の年代測定から予測されていた旧石器時代、無土器文化期、グスク時代だけでなく、下田原文化期や約一万年前の新発見の文化を含む、幾重にも人為活動の痕跡が重なる多層位遺跡だったのである（**図33**）。

発掘調査の着手から一カ月、白保竿根田原洞穴遺跡の様相が徐々に明らかになるにつれて、考古学研究者から遺跡の価値を重視し、その保存と適正な調査について要望する声があがった。九州旧石器文化研究会および中・四国旧石器文化談話会は連名で一〇月一〇日付文書にて、関係機関あてに「白保竿根田原洞穴遺跡の保存と調査に関わる要望書」を提出した。

その後も、日本考古学協会埋蔵文化財保護対策委員会、沖縄考古学会が遺跡の適切な保存と活用を求める要望書を関係機関あてに提出した。

ネズミの歯も漏らさぬ発掘

白保竿根田原洞穴遺跡の発掘では、発掘の進行と並行して、掘りあげた土壌の大部分を回収し、フローテーションと水洗フルイ作業を組織的に実施した。

よく乾燥させた土壌を容器に入れて水に浸すと、炭化した植物遺体や微小貝類など軽い遺物が浮き上がり、効率的に回収することができる。このような遺物の回収方法をフローテーションという。

このとき底にフルイを設置しておけば、細かな泥はフルイの目を通り抜け、フルイの上には目の粗い残滓が残る。この残滓の中から、細かい遺物を拾い上げ、選別するのである。

石器を打ち割った際の細かい石片（チップ）や、

図33 ● H５区東壁の断面
ⅢＡ～ⅢＥ層とⅣ層の堆積状況を示す。この断面ではⅢＤ層が欠落していて、ⅢＥ層とⅣ層の間に落盤層が介在する。

骨片などを漏れなく回収するためには、こうした方法が効果的である。

白保竿根田原洞穴遺跡では、最終的に三〇トンを超える土壌を選別した。まさに気の遠くなるような作業である。しかし、こうした作業をへても、不思議なことに目的としていた石器はほとんど回収できなかった。

一方、重要な発見もあった。残滓の中に、ネズミ類を主とする膨大な数の小型哺乳類遺体が含まれていたのである。古生物学を専門とする愛知教育大学の河村善也や中川良平が、その研究を担当した。

小型哺乳類遺体の研究では、種類による形態差が明確で、種同定の手がかりとなる顎骨と歯が重要となる。ときにこの遺跡で多量に見つかったネズミ類の歯は、三ミリにも満たないサイズであった。そうした小型の遺物も見逃さないように、フルイの目は、主に一ミリと〇・五ミリが使用された。まさにネズミの歯も漏らさぬ発掘である。

河村らによる研究の結果、白保竿根田原洞穴遺跡からは、それまで日本で現生、化石とも分布の知られていなかったシロハラネズミ属の化石が多数見つかった（図34）。しかも、約二万年前以降、小型哺乳類ではシロハラネズミ属一種類が優占し、多様性がきわめて低いことがわかった。一方、シロハラネズミ属は、グスク時代以降の地層からは見つからないので、そのころまでには絶滅したようだ。

さらに興味深いことに、沖縄島や宮古島、台湾など、石垣島の周辺地域には、現生、化石とも、白保竿根田原洞穴のものとは別の種類のネズミ類が分布する。このことは、約二万年前にはすでに、石垣島の動物群が周辺地域から隔離された島嶼型のものになっていたことを示唆していると、河村はいう。さらに、ⅢB層からは一例のみであるが、本邦初となるハツカネズミの化石も見つかった。ハツカネズミは住家性のネズミで、過去の人類の居住や移動を考える上で重要な手がかりとなるものである。

発掘の進行にともなって、膨大な量の土壌が排出され、処理されていった。一片の石片も漏らすまいという発掘調査は、次第に長期化の様相を呈してきた。しかし、一〇月末のタイムリミットはすぐそこに迫っていた。

こうした進捗状況を受けて、県土木建築部新石垣空港課と県教育庁文化課の間で、遺跡の保存に関する調整がおこなわれ、一〇月中旬、浸透ゾーンの設計変更をおこなうことで、遺跡を保存する方針が決定された。

一〇月一四・一五日に開かれた白保竿根田原洞穴総合発掘調査委員会での議論は紛糾した。遺跡の保存は決まったが、遺跡の評価をおこなうためには、最下層のⅣ層の解明が必要不可欠である。「内容が不明なまま保存するよりも、完掘すべきでは

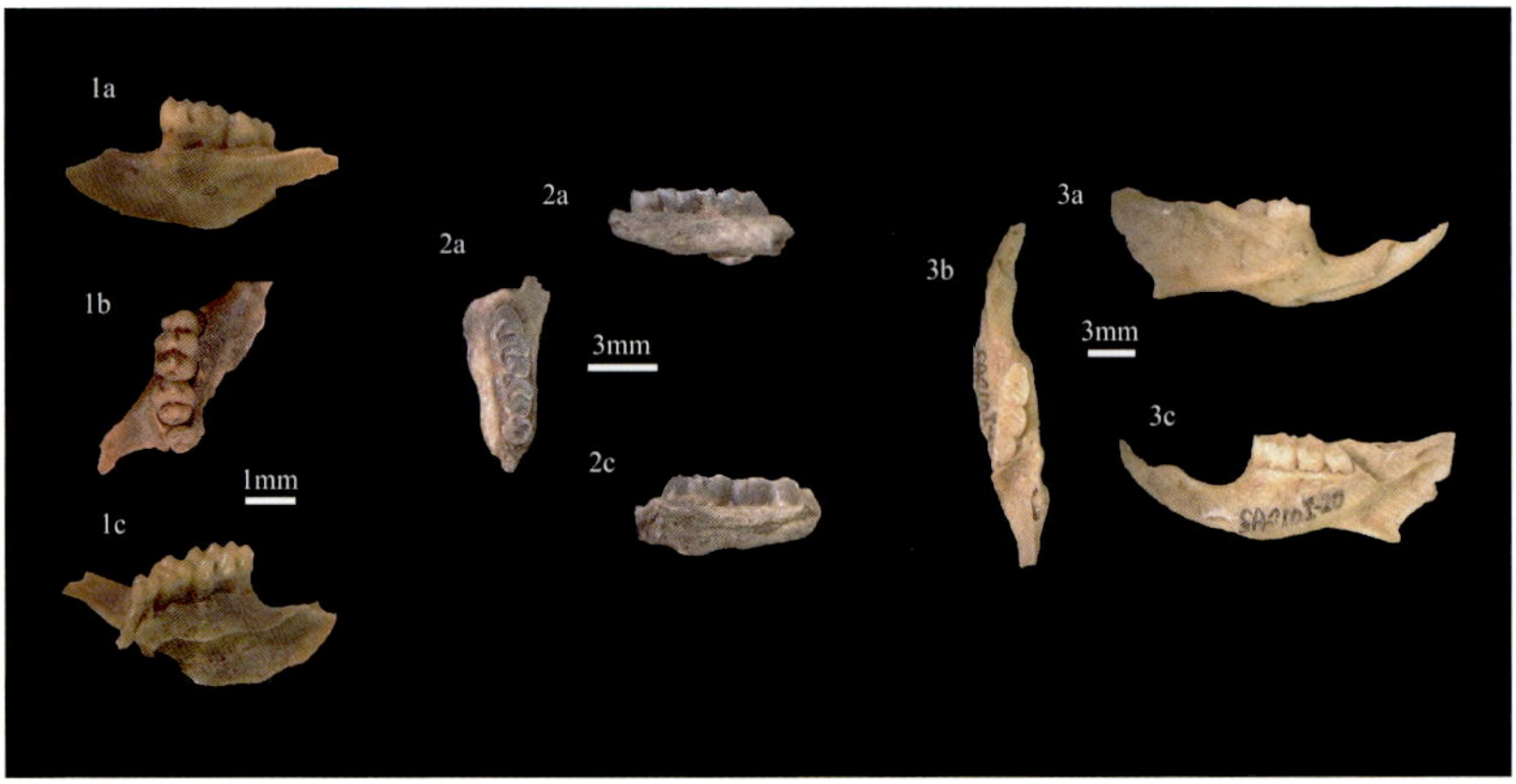

図34 ● 出土したネズミの骨
ハツカネズミの左下顎骨（1）とシロハラネズミ属の左上顎骨（2）・右下顎骨（3）の展開写真。

ないか」という声もあがった。議論の結果、遺跡の崩落防止と保存を目的とした、法面確保のための勾配造成に必要な範囲約六〇平方メートルについて、一一月末を目途に調査が継続されることになった。

3　姿をあらわした旧石器人骨

石器の見つからない旧石器人骨遺跡

一一月に入り、発掘現場では続々と人骨が姿をあらわしはじめた。人骨に引き寄せられるかのように、沖縄だけでなく、日本各地の研究者が連日のように現場を訪れ、あわただしい日々が続いた。三カ月におよぶ調査の間に季節は移ろい、発掘現場には秋風が吹き抜けていた（図35）。

人骨がもっとも集中して見つかったH6区では、イノシシ骨を多く含むⅢB層の下位のⅢC層中から、保存状態の良い左右の大腿骨、頭骨、顎骨などが面的に出土した（図36）。埋葬されたものとは考えられないが、洞穴外から流し込まれたものとも考えられない出土状況である。人骨はその後の年代測定の結果、約二万年前のものであることがわかった。つぎつぎと出土する人骨の記録、取り上げに追われ、一カ月の調査期間は瞬く間に過ぎていった。

最終的に、当初目的としたⅣ層については、ごく一部の範囲を調査するにとどまったが、それでも一一個体二一四点の旧石器人骨を回収することができた。

一方、不思議なことに、旧石器人骨が出土するⅢC層、Ⅳ層からは、当初期待した石器がまったく発見されず、目につく遺物は人骨ばかりであった。石器だけでなく、イノシシなど大型動物の化石も少なかった。人骨ばかりが集中して埋没している状況は、これまでの沖縄の旧石器人骨遺跡の状況によく似ていた。

洞穴は墓として使われたのか?

なぜ洞穴内に人骨が集中するのだろうか。こうした現象を、たんに偶発的事故あるいは自然の営力の所産として説明することはむずかしい。もっとも考えやすい理由は、洞穴が墓として使われていた可能性である。

八重山諸島を含めた沖縄は、風葬とよばれる葬法が伝統的におこなわれてきたことで知られる。遺体を岩陰や洞穴などの風通しの良い乾燥した場所に安置し、軟部組織が腐朽した後、洗骨して、

図35●白保竿根田原洞穴遺跡の全景（北西より見る）
手前が調査区。遺跡の法面保護のため階段状に掘り下げている。写真左下には下部洞穴へ通じる開口部がある。写真奥には、掘削工事によって露出した洞穴の延長部分の開口部が見える。

集骨する（あるいは厨子《ずし》等に納骨する）という一連のプロセスが、風葬である。

この風葬に似た形態の墓は、近年、沖縄各地の縄文時代以降の遺跡からも発見されており、白保竿根田原洞穴遺跡でも、下田原文化期に属する同様な形態の墓が見つかっている。

同様な葬法が、旧石器時代までさかのぼる可能性はないだろうか。

実際、人骨の出土分布を見ると、調査区内でいくつかの集中部が認められる（図37）。出土した人骨には骨端の破損や表面の磨滅が顕著に見られること、地表面付近で形成されるトラバーチン（石灰華）が付着しているものが多いことなどから、これらの人骨は当時地表に露出していたと考えられる。また、複数個体が含まれていることからすると、この場所に葬られたのは一時期数人程度の規模で、繰り返し利用された可能性が示唆される。

図36 ● H６区ⅢC層の人骨出土状況
写真中央に左右一対の大腿骨があり、左上方につぶれた頭蓋骨が見える。この大腿骨は同一個体のものと考えられる。

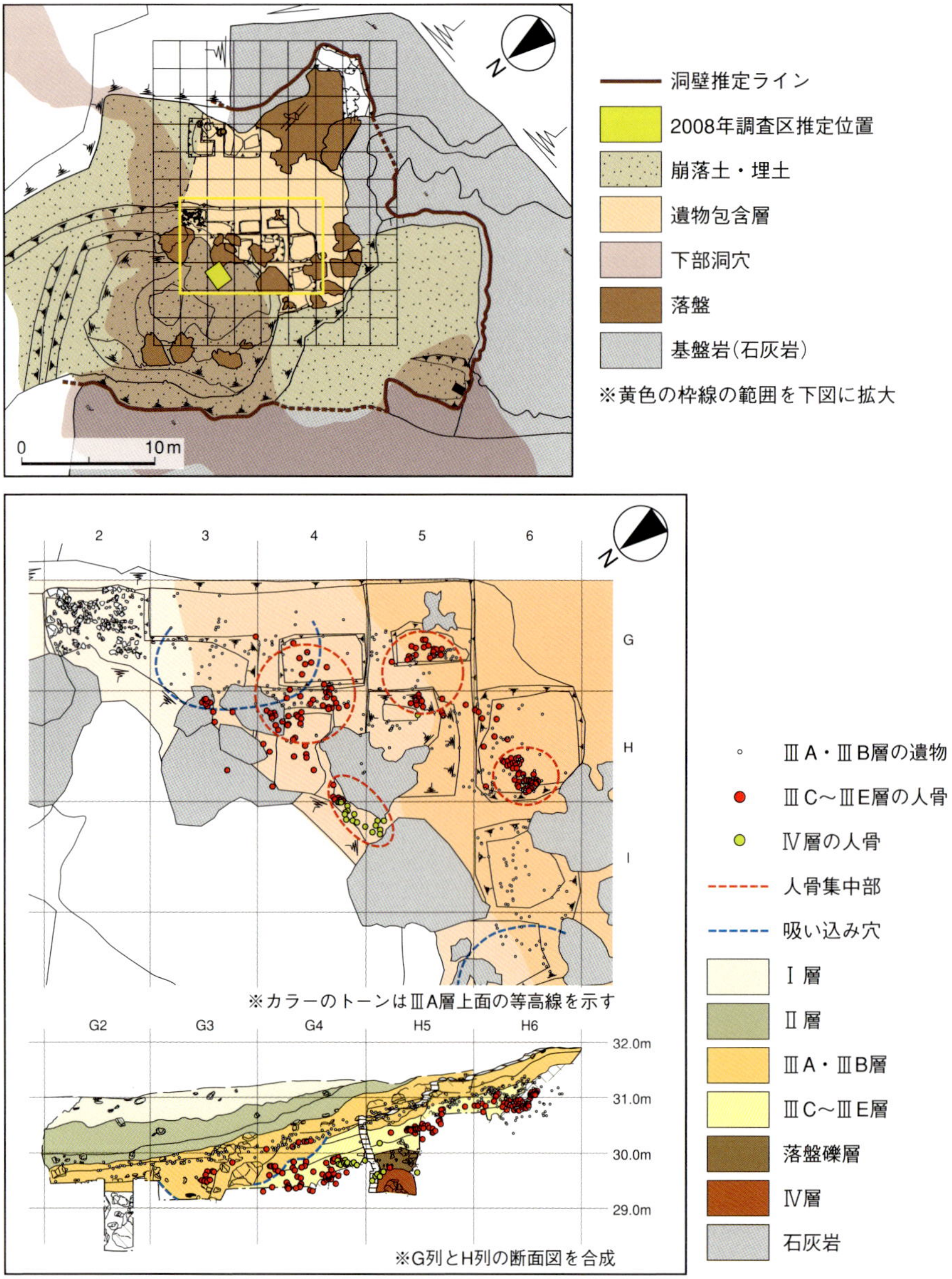

図37 ● 白保竿根田原洞穴遺跡における人骨等の出土状況

上段は遺跡の全体図。陥没ドリーネ内に溜まった堆積物中に、人骨をはじめとする遺物が含まれていた。下段上は調査区部分を拡大した平面図。下段下は出土した遺物の分布を地層断面図に投影したもの。人骨は主にⅢC～ⅢE層とⅣ層から出土した。

こうした沖縄の墓地遺跡において、石器や土器といった生活用具の出土が乏しいことは決して稀な現象ではない。墓地では、日常の生業活動がおこなわれなかったためだと考えられている。

沖縄の旧石器人骨出土地で石器の出土が見られないという現象は、そうした墓地特有の現象として解釈できる可能性が考えられる。この問題については今後の研究の進展を待ちたい。

人骨は語る

つぎに、白保竿根田原洞穴遺跡から出土した旧石器人骨について見ていくことにしよう（図38）。

骨は化石化が進んでおり、手に持つとずしりとした重量感がある。また、骨同士が触れ合うと、金属音に近い音がするのも特徴的である。

人骨はすべて破片であったため、現在、土肥直美らの手によって復元作業が進行中である。大腿骨最大長から推定される身長（男性）は一六〇センチと、港川人（男性）の一五五センチよりも高い点は注目される。また、大腿骨の変形や齲歯《うし》（虫歯）・歯石も認められた。

白保竿根田原洞穴の人骨の研究では、多彩な理化学的手法が取り入れられた。当初から人骨のDNA分析をおこなうことが予定されていたため、現代人のDNAが混入しないよう、人骨の発掘、取り上げは手袋着用でおこなった。また、人骨を取り扱う人員は、DNA検査を受けた者のみに制限された。

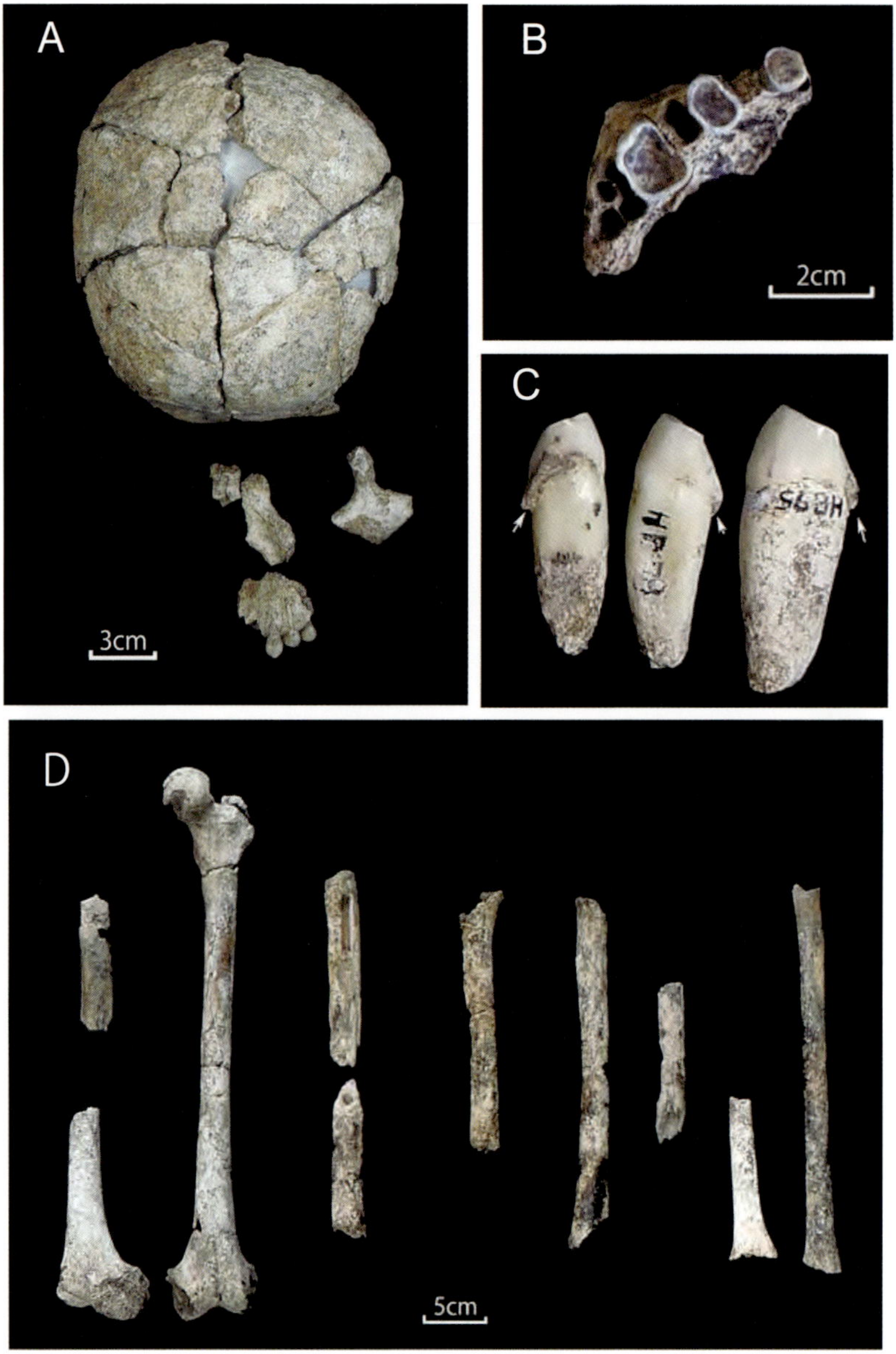

図38 ● 白保竿根田原洞穴遺跡出土の旧石器人骨
A：頭蓋骨、B：強い咬耗を示す歯、C：歯石の付着した歯、D：大腿骨。出土した人骨からは、当時の人びとの生き生きとした生活誌を読み取ることができる。

さらに、骨中の有機質の劣化を防止するため、迅速な発掘と収納、そしてアルミ箔による紫外線の遮断、冷暗所（冷蔵庫）での保管を徹底した。

ミトコンドリアＤＮＡ分析を担当した篠田謙一（国立科学博物館）と安達登（山梨大学）によれば、約二万年前の人骨からはハプログループＢ４、Ｒ、Ｍ7aの三つが決定できた。日本ではじめて旧石器人骨のＤＮＡ分析に成功したのである。なお、ハプログループとは、突然変異によって生み出されたＤＮＡのタイプが似通った集団のことで、このハプログループを調べることによって、ＤＮＡの進化系統上の位置づけを知ることができる。

このうち、Ｍ7aは南方に起源をもち、琉球列島を中心に分布を広げたと考えられるもので、現在の琉球列島人のおよそ四人に一人がこのハプログループをもっている。また、Ｂ４およびＲは中国南部か東南アジアから北上して琉球列島に到達したと考えられる（図39）。

さらに、下田原文化期の人骨からもハプログループＭ7aが検出された。沖縄諸島の先史文化とは異なる系統の文化と考えられていた下田原文化期の人骨から、沖縄諸島の先史人にも多く見られるＭ7aが検出されたことは注目される。

人骨の年代測定と安定同位体比分析は、米田穣が担当した。ⅢＣ層、Ⅳ層出土の人骨九件について年代測定し、約二万六〇〇〇～一万九〇〇〇年前という結果が得られた。さらに、下田原文化期の人骨一点からは約四五〇〇年前という結果が得られた。人骨以外の木炭、動物骨、貝殻を含めると、年代測定の実施件数は四六件に達する。一遺跡でこれだけの数の年代測定が実施されることは、日本ではめずらしい。

安定同位体比分析は、炭素・窒素の安定同位体比にもとづいて、骨に含まれるタンパク質（コラーゲン）の材料となった食資源を推定するものである。今回出土した旧石器時代から近世に至る人骨を分析した結果、つぎのようなことがわかった。

まず、旧石器時代には海産物はほとんど摂取しておらず、陸上の食料資源を主に利用していたと考えられる。一方、下田原文化期ではイノシシの利用が活発となり、海産物も利用していたようだ。続く無土器期では、積極的な海産物利用が認められるようになり、グスク時代以降では穀物の利用がはじまる。時代によって食料資源が

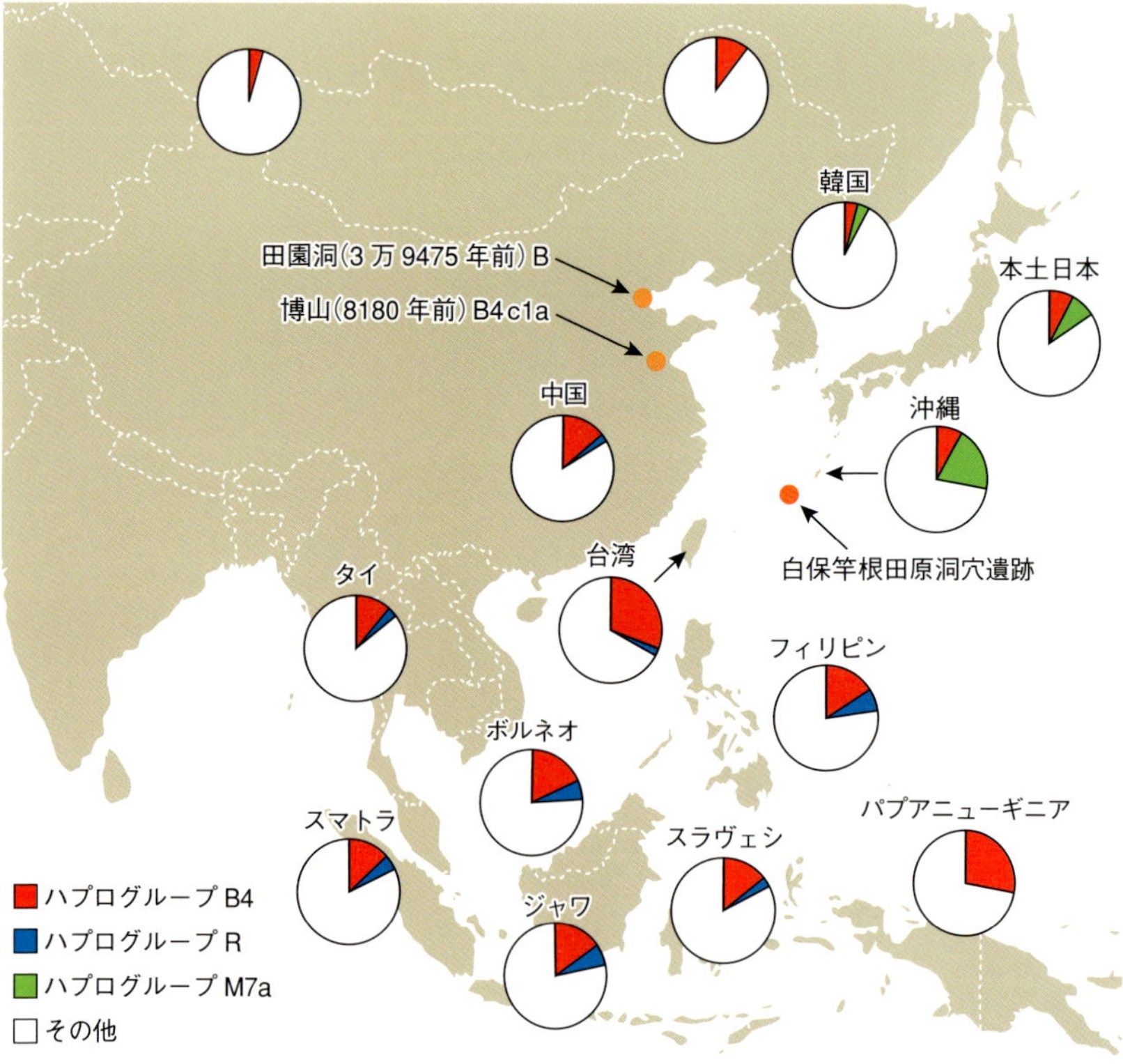

図39 ● 現代人集団におけるミトコンドリアDNAハプログループの比率（百分率）
ハプログループB4とRは中国や台湾、東南アジアに多く見られる。
ハプログループM7aは沖縄に多く、本土日本にも見られる。

変化していく様子が明確に捉えられた。

白保竿根田原洞穴遺跡の意義

発掘調査によって、白保竿根田原洞穴遺跡は旧石器時代からグスク時代、そして近現代にわたる多層位遺跡であることが明らかになった。また今回、八重山諸島でははじめて、下田原文化期をさかのぼる時期の石器や人骨が見つかり、さらに二〇〇点を超える旧石器人骨が発見されたことは特筆される。

一方、考古学から見ると、今回の発掘では何としても旧石器を見つけようと意気込み、三〇トンにのぼる土の選別作業をおこなったが、従来と同様に人骨しか見つからないという不思議な発掘を経験することとなった。

最終的に遺跡は、新石垣空港敷地内に保存されることとなったが、活用に際してのアクセスが容易ではないことが大きな課題となった。しかし、文化財保護当局の粘り強い調整の結果、遺跡周囲に二重のフェンスを設置し、通常の空港ゲートではなく、独自のアクセス経路が確保されたことは画期的なことであった。

白保竿根田原洞穴遺跡では、二〇一二年以降、沖縄県立埋蔵文化財センターによって、遺跡の内容確認と保存を目的とした発掘調査がおこなわれており、今後も大きな成果が期待される。

第3章　サキタリ洞遺跡の発掘

1　カニの洞穴

沖縄島南部の洞穴群

白保竿根田原洞穴遺跡の調査とほぼ並行して、沖縄島でも旧石器時代を対象とした新たな調査研究プロジェクトが進んでいた。

沖縄島南部の雄樋川《ゆうひがわ》河口右岸に位置する港川フィッシャー遺跡から、約一・五キロ上流に、観光洞として知られる玉泉洞《ぎょくせんどう》がある（図40）。玉泉洞周辺には、洞穴や洞穴が崩壊してできた渓谷が網の目のように分布しており、「玉泉洞ケイブシステム」とよばれる洞穴群を形づくっている。そして、その一角に「ガンガラーの谷」がある。

「ガンガラーの谷」は、年間を通して多くの観光客が訪れるガイドツアーコースである。

この場所は、数十万年前までは鍾乳洞だった場所が崩れてできた峡谷で、豊かな自然が残る亜熱帯の森が広がっている。港川人も、きっとこの谷間に足を踏み入れたに違いない。

谷のそこかしこに残る人びとの営みや、石灰岩がつくり上げた不思議な造形をめぐるツアーは、太古の世界にタイムスリップしたかのようである。

この「ガンガラーの谷」のツアーコースの出発点に、ケイブカフェとよばれる大きな洞穴がある

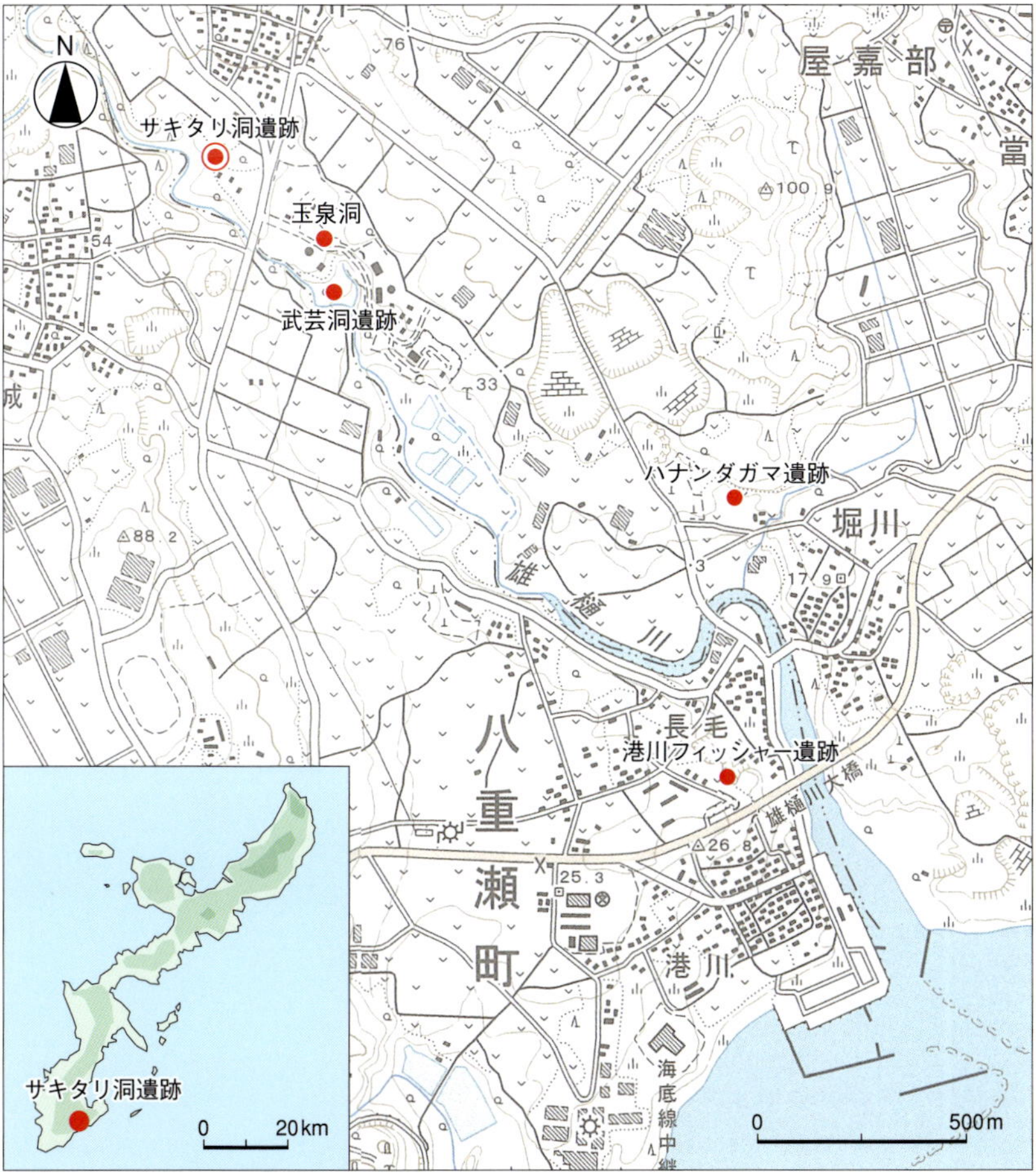

図 40 ● サキタリ洞の位置とその周辺
雄樋川の両岸には石灰岩台地が広がり、港川フィッシャー遺跡をはじめとする化石産地や洞穴がいくつも分布している。

（図41）。そこは、文字通り洞穴内に設けられたカフェでもある。このケイブカフェが、本章の舞台、サキタリ洞遺跡である。

サキタリ洞は、東西に二カ所の洞口をもつ貫通型の洞穴で、その面積は約六二〇平方メートル、天井高は約七メートル、洞床の標高は約三八メートルである（図42）。洞外を流れる雄樋川の現河床との比高は約七メートルで、現在洞内に水流はない。

洞穴の天井からは、巨大なつらら石がいくつも垂れ下がり、壁面のそこかしこには、奇妙な形のフローストーン（石灰華）のでっぱりが見られる。ところどころに置かれたスポットライトで、洞内には不思議な陰影がつくり出されている。

これらはみな、長い年月の間に炭酸カルシウムを含む水の作用でできたものである。現在も天井からは水滴が滴り落ち、つらら石は少しずつ成長している。

図41 ● サキタリ洞遺跡の東側洞口
東側洞口は陥没ドリーネ内に開口する。周辺にはアカギやクワズイモなど在来の植生がよく残っている。

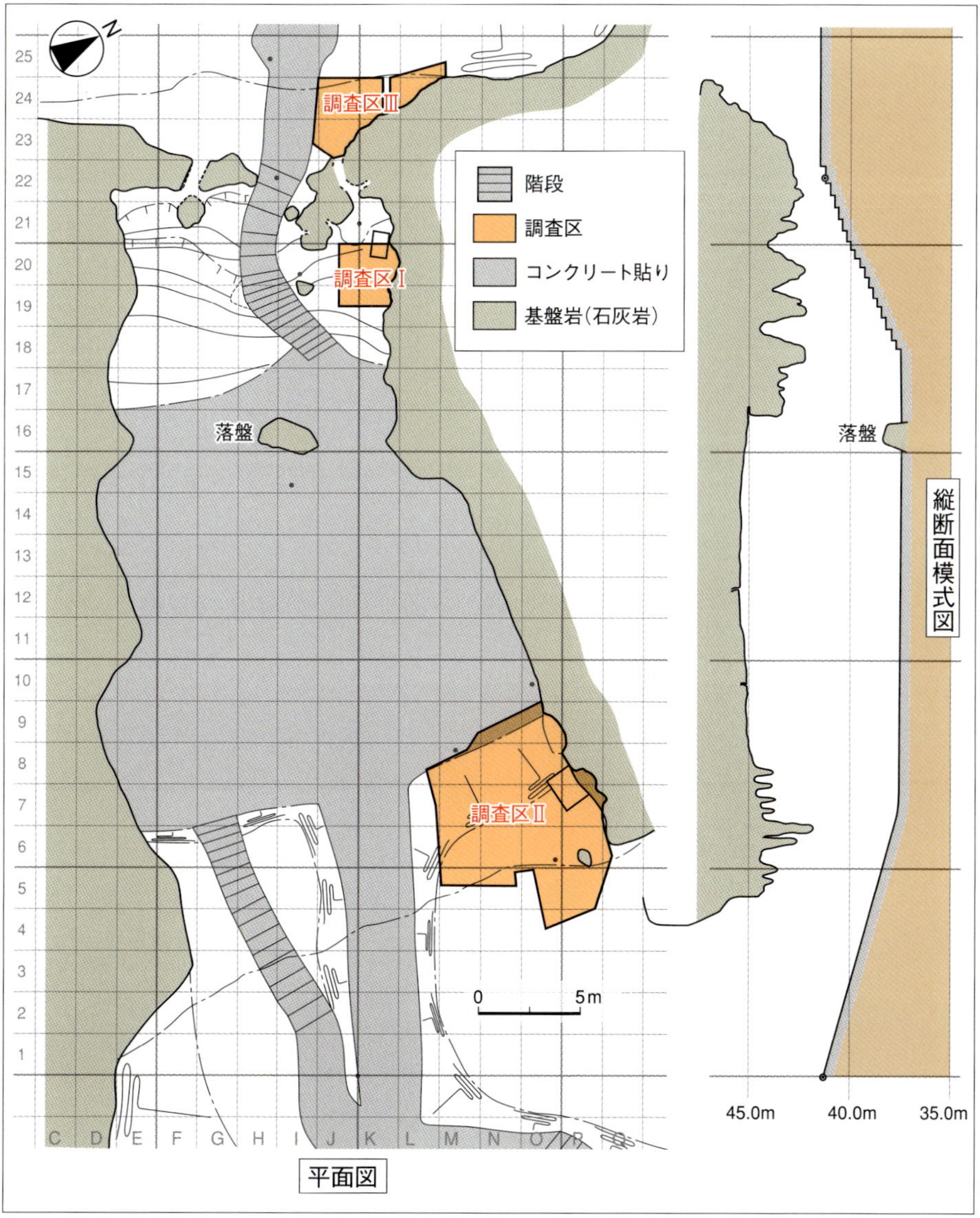

図42 ● サキタリ洞遺跡の平面図および縦断面模式図と調査区の位置
旧石器時代の遺物は、おもに西側洞口内の調査区Ⅰから発見された。東側洞口の調査区Ⅱでは、おもに縄文時代以降の遺物が見つかっている。グリッドは2m間隔。

カフェの中は不思議な空間である。この洞穴に立ち寄った古代人たちも、ギザギザしたつらら石のシルエットを目にしていたに違いない。洞穴は、過去から現在まで、この場所に集ったあまたの人びとを、見守ってきたのだろう。

サキタリ洞が遺跡として認識された経緯は、洞穴の地権者である株式会社南都の社員であった島袋林信《りんしん》が、洞穴近辺で土器や石器などの遺物を採集したことによる。そして、二〇〇九年から沖縄県立博物館・美術館が継続的に調査しており、これまでに洞穴内外の三カ所（調査区Ⅰ〜Ⅲ）で発掘を実施した（**図42**）。旧石器時代の堆積物は、主に雄樋川に面した西側洞口内の調査区Ⅰから見つかっている。

カニのハサミと巻貝の殻

二〇〇九年一一月、私たちは西側洞口内（調査区Ⅰ）で小規模な試掘をおこなった（**図43**）。こ

図43 ● 調査区Ⅰでの発掘作業
壁面に黒く見えるのが約2万年前の炭化物（Ⅱ層）。写真右上に試掘区が見える。試掘区の最下部（地表下約2m）では3万6000年前にさかのぼる放射性炭素年代が得られている。

の試掘では、表土下のしまりのない土層中から多数のカニのハサミとカワニナ、カタツムリなどの巻貝の殻を発見した（**図44**）が、土器や石器などの文化遺物はまったく見つからなかった。このため人骨や石器の発見という点では、あまり有望ではなさそうに思われた。

壁面に露出した断面を調べると、上部に褐色土層（Ⅰ層）があり、その下部に木炭を多く含み黒色を呈する炭化物層（Ⅱ層）、さらに下部には再び褐色土層（Ⅲ層）が確認できた。そこで、炭化物層に含まれていた木炭片と貝殻を用いて年代測定をおこなった。

その結果は驚くべきものであった。何と、カニのハサミや巻貝の殻ばかりが含まれた炭化物層は、約二万年前のものだったのである。まさに探し求めていた港川人の時代の地層が、そこにあったのだ。

文化遺物が見つからないため、この堆積物に人がかかわっているのかどうかは不明であったが、水流で運ばれてきたものではなさそうだった。また、動物遺体の分析を担当した藤田祐樹《まさき》（沖縄県立博物館・美術館）によれば、出土したカニのハサミはモクズガニのものと推定された。カニのハサミ部分は、他の部位に

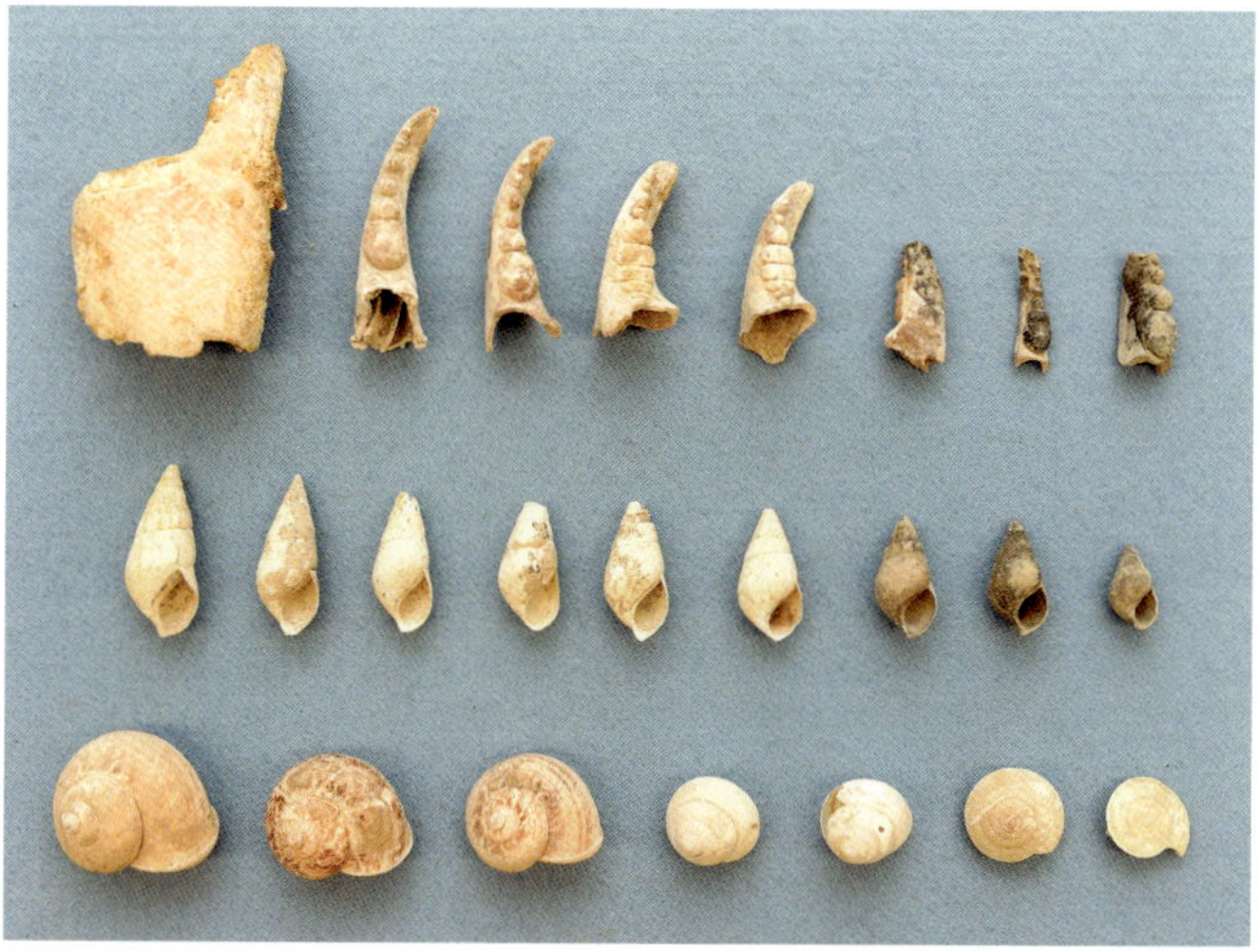

図44●出土したカニのハサミ（上段）**とカワニナ**（中段）、**カタツムリ**（下段）
カニのハサミとカワニナには黒灰色に変色したものが含まれている。これらは火を受けたものと考えられる。一方、カタツムリにはそうした変色は見られない。

くらべて頑丈なため、保存されやすいのである。

さらに興味深いことに、伝承では、かつては旧暦の九月、サシバ（渡り鳥）の飛来する季節になると、夜、サキタリ洞近辺にはたくさんの川を下るカニが集まり、近くの村人はこのカニを捕まえて食べていたという。旧石器時代の人びとも、同じようにカニを捕まえて食べていたのかもしれない。

こうした結果を受けて、二〇一一年からは、試掘区を拡張し三×二・五メートルの範囲について本格的な発掘をおこなった。その結果、この地点では薄い表土下に、炭酸カルシウムが固結した厚さ三〇センチほどの堅固なフローストーン層があり、その下にⅠ～Ⅲ層が堆積していることがわかった。

2　石器と貝器の発見

石英製石器の発見

削岩機やツルハシを使ってフローストーン層を取り除く作業は困難をきわめたが、その下の褐色土層（Ⅰ層）は、幸いなことに移植ごてや竹ベラで掘り進むことができた。

この層には、カニのハサミやカワニナ、カタツムリなどの動物遺体が多く含まれていたが、その他にとくに目をひくような遺物は含まれていないように見えた。しかし、発見の瞬間は思いがけずやってきた。

二〇一一年七月三〇日、この日は私にとってたいへん思い出深い日となった。投光器に照らされたサキタリ洞の片隅を、数名で掘り進めていたとき、私はたまたま作業中の発掘坑を上からのぞきこんでいた。「あっ!」。地表から五〇センチほどの深さまで掘り下げた発掘坑の底で、小さな石片が褐色の柔らかい土の中から掘り出された（図45）。

一見したところ、石灰岩の破片のような白っぽい石のかけらだった。同じような石片は、昨年白保竿根田原洞穴遺跡の発掘現場でも目にしていた。表面に付いた泥を洗い落とし、陽にかざしてよく観察した。光を受けてきらりと輝くその石片は、石英のかけらのように見えた。

その日、ちょうど来客を案内して遺跡を訪れた地質学の専門家、大城逸朗（おきなわ石の会）に意見を求めたところ、石灰岩や方解石の可能性がないか慎重な検討が必要との見解だった。

石片を研究室に持ち帰り、酸を使って鑑定してみることにした。炭酸カルシウムを含む石灰岩や方解石ならば、酸に溶けて発泡するはずだ。しか

図45 ● 石英製石器が出土したところ
石器が含まれていた堆積物は、しまりの弱い粒状の土壌からなる。その成因は明らかでないが、沖縄の化石産地では、このような堆積物がしばしば見られる。

し、酸に浸しても、その石片はまったく発泡する様子はなかった。石英でまちがいないという確信を得ることができた。

石英はごくありふれた造岩鉱物であるが、石英の大型結晶は、主に砂岩や泥岩、石灰岩などの堆積岩類が分布する沖縄島南部では見られないものである。出土品に類似した石英は、沖縄島北部や慶良間諸島などに分布する変成岩層中から、再結晶した石英脈として産出することが知られている。

いずれの産地も、サキタリ洞からは直線距離で三〇キロ以上離れており、このことは、出土した石英片が、人の手によって持ち運ばれてきたものであることを意味していた。

二〇一一年のサキタリ洞遺跡の発掘では、最終的にこうした石英のかけらが三点見つかった（**図46**）。いずれも人為的に打ち割られた特徴をもつ石片で、剝片石器と考えられる

図46 ● Ⅰ層から出土した人骨（上段）**と石英製石器**（下段）
上段左は右上顎乳犬歯、上段右は右手根骨。
下段は石英製石器で、いずれも剝片。

ものである。同じ地層からは、そのほかにヒトの乳歯一点と掌の骨一点、さらにイノシシの骨や海の貝なども少量発見された。しかし、土器は見つからなかった。

石英片が出土した褐色土層（Ⅰ層）の上位に位置するフローストーン層中には、縄文時代の土器や石器などの遺物が含まれていた（**図47**）。下位には約二万年前の炭化物層（Ⅱ層）があり、層序は明瞭である。フローストーン層中に含まれていた土器片は、ほとんどが無文の破片であったが、厚さ一センチほどの厚手のものが多く、このような土器は、沖縄では縄文時代前期ごろの比較的古い時期によく見られる。

したがって、石英片やヒトの歯を含む褐色土層（Ⅰ層）は、それよりも古い時代のものであることは確実だが、いつもながらくわしいことは年代測定をおこなわなければわから

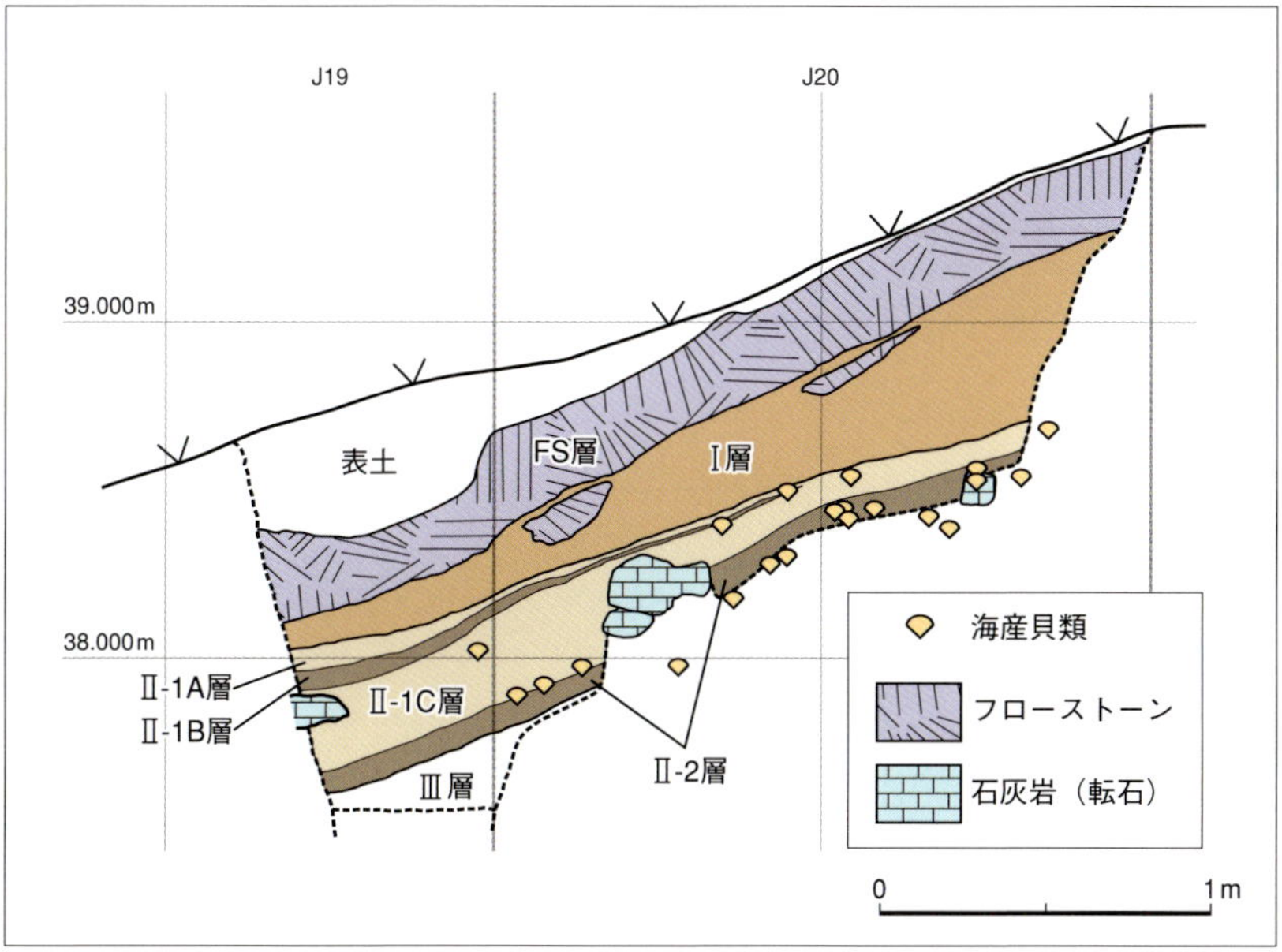

図47 ● 調査区Ⅰの地層断面図
Ⅰ層は約1万6000〜1万4000年前、Ⅱ層は約2万3000〜2万年前、Ⅲ層は2万3000年以前のもの。この断面では、Ⅱ層に含まれる炭化物の密度によって、Ⅱ-1A、Ⅱ-1B、Ⅱ-1C、Ⅱ-2層に区分できる。

ない。同じ地層から回収した木炭を使って、放射性炭素年代測定をおこなうことにした。

二〇一一年一一月下旬、年代測定の結果を知らせるメールが送られてきた。結果は約一万四〇〇〇年前というものだった。私たちにとって、これは衝撃的な結果だった。ついに沖縄の旧石器文化解明につながるかも知れない手がかりをつかまえたのである。

従来沖縄では、打製石器の石材として、チャートや九州産黒曜石の利用が知られていたが、サキタリ洞や白保竿根田原洞穴で石英が多用されていることは注目される。石英はチャートや黒曜石にくらべて石器製作時のコントロールは困難であるが、分布が広く、入手しやすい石材であったために利用されやすかったのかもしれない。

なぜ海の貝のかけらが?

二〇一二年八月、サキタリ洞の発掘はついに約二万年前の炭化物層(Ⅱ層)に到達した。私たちは、当然この層からも石器が発見されることを期待し、どんな小さな石器でも見逃してはなるまいと慎重に発掘を進めた。

炭化物層からは、おびただしい数のカニのハサミ、カワニナやカタツムリの殻が発見されたほか、多量の木炭片も含まれていた。まさに貝塚のような状態である。

これらの遺物が、同じ地層から密集して発見されたことは、炭化物層が残された背景に、何らかの形で人がかかわっていることを強く示唆しているように思われた。

ところが、不思議なことにこの炭化物層からは、石灰岩以外の石がほとんど発見されなかった。Ⅰ層に引き続き、石器が発見できるのではないかという淡い期待は、見事に裏切られた。発掘の際にとくに私たちの目を引いたのは、地層中に海の貝のかけらが含まれていることだった。サキタリ洞は現在でも海岸線から一・五キロほど内陸に位置している。二万年前の海水面が低下していたころには、さらに数キロ海岸線から離れていたと考えられる。このような場所に海の貝が自然に入り込むことは通常あり得ない。旧石器人が持ち込んだ可能性が高いのである。

しかし、かけらは非常に小さく、大きなものでも四センチ、小さいものでは一センチ程度のかけらがぽつりぽつりと見つかったにすぎない。食べるために持ってきたにしては数が少なく、細かく砕けているのも不自然だ。

当時の人びとは、何のためにわざわざこのような貝殻を、山の中の洞穴まで持ってきたのか。謎は深まるばかりだった。

予想もできない結末

発掘が進み、貝のかけらの数が増えるにしたがって、あることに気がついた。かけらの中には破断面が直線的で、扇形をした同じような形状のものがいくつも含まれていた。沖縄の遺跡からは、当時の人が食べるために叩き割った貝殻の破片がよく見つかるので、貝殻の破片は見慣れていたが、サキタリ洞のものは、適当に叩き割ったにしては不自然なように思われた。

これは食料残滓《ざんし》ではなく、ひょっとして人類が使用した道具なのではないだろうか（図48）。

そんな漠然とした考えを抱くようになった。幸い、同じ地層から人骨も二点（臼歯一点と足根骨一点）見つかった。この炭化物層が人とかかわりのある堆積物であることは、もはや疑いようがない。

貝でつくった器具、すなわち貝器は、縄文時代の遺跡からはたくさん見つかるけれども、旧石器時代の遺跡からそんなものが見つかったという話は聞いたこともなかった。もしサキタリ洞の貝殻片が道具であったとしても、こんな小さなかけらばかりでどうやったらそんなことが証明できるのか。壁は幾重にも立ちふさがっていた。

とはいえ、考古学は出土品をくわしく調べることからすべてがはじまる。そこで、貝殻片を一点一点、実体顕微鏡でくわしく観察してみた。そうすると、面白いことに気がついた（**図49**）。

それは、扇形をした貝殻片の一端に、共通して小さなくぼみが見られることで、このくぼんだ部分に、まるで石器を思わせるような、加工痕らしき鋭い割れ口が見られるものもあった。決定的だったのは、このくぼんだ部分に、か

図48 ● Ⅱ層から出土した貝器
マルスダレガイ科の二枚貝を利用した扇形の貝器（左）
とクジャクガイを利用した貝器（右）。

すかな摩滅（光沢）が見られたことで、直感的に、これはこの部位を道具として使用した際に生じた、使用痕ではないかと思った。

道具を使用した際に生じる使用痕は、石器の分野でとくによく研究されていて、黒曜石や安山岩といった硬い岩石を用いた石器では、使用痕を分析することによって、その石器で革をなめしたのか、骨を削ったのか、木を切ったのかがわかる場合もある。しかし、よく使い込まれた石器でないと分析することはむずかしい。長い間使われたものでないと、使用の痕跡が残らないのである。

一般に貝器は、石器にくらべて耐久性が低く、長期の使用には向かないといわれ、使用痕の分析もほとんどなされていなかった。このため、貝器の使用痕というものが、どのように証明できるのか不安を感じる部分もあった。

石器の使用痕観察には、金属顕微鏡という特

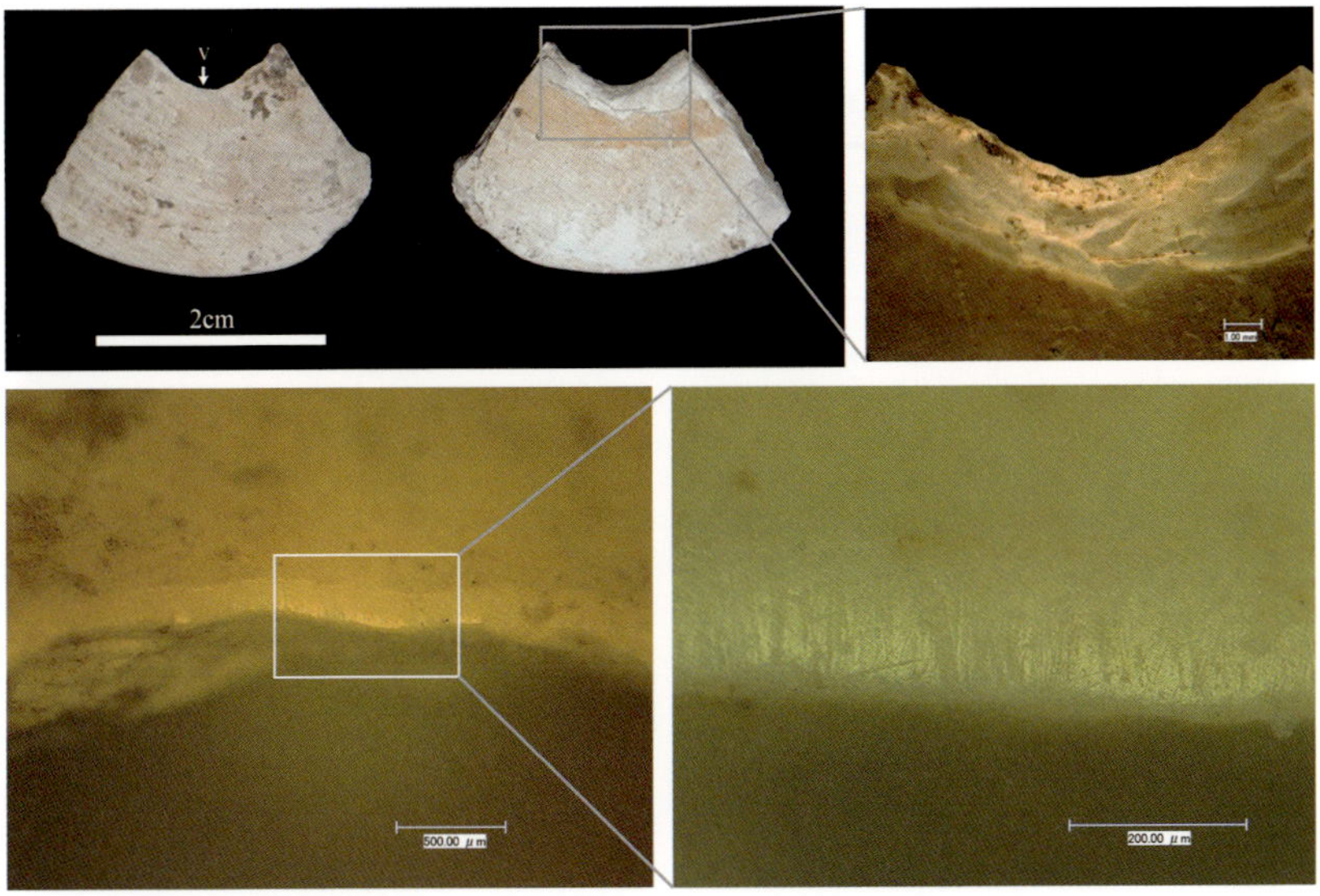

図49 ● 貝器に見られる加工痕
上段左は扇形貝器の表裏面、上段右は刃部の加工痕の拡大写真で、打ち欠いて鋭い刃先をつくり出している。下段は刃部の使用痕（刃部に直交する線状痕と磨滅光沢）の拡大写真（上段左写真のVの位置）。

殊な顕微鏡が使われる。高価な機材であるが、何とか博物館に導入してもらい、最低限の使用痕観察ができる環境を整えることができた。さっそく届いた顕微鏡を組み立てて、わくわくしながらレンズを覗き込んだ。

問題の貝殻片の摩滅（光沢）は、金属顕微鏡ではいっそう明瞭に観察することができた（図49下）。驚いたのは、この摩滅（光沢）部分を高倍率のレンズで見ると、同じ方向に走る細かい無数の傷（線条痕《せんじょうこん》）がついていたことであった。

この傷は、貝殻片が道具として使用された可能性を支持する重要な手がかりとなるものであった。道具として使用した際に、貝殻片を線条痕と平行する方向に動かしたため、このような使用痕が生じたものと見られる。このことから貝殻片は、何かを切ったり削ったりする目的で使用された加工具だと考えられた。

こうして、サキタリ洞から発見された貝殻片のうち、少なくとも一部は道具として加工され、使用されたことが明らかになった。旧石器時代の沖縄で、石器ではなく貝器が使用されていたことは、まったく予想もできない結末であった。

最終的に、サキタリ洞の炭化物層から出土した海の貝は七〇点にもおよび、そのうちの四〇点が道具として使用されたものと推定された。使用された貝種は二枚貝（マルスダレガイ科、クジャクガイ、シマワスレ）とツノガイ類である。それ以外の貝殻も、道具として使用されたのかもしれないが、まだよくわからない。

このうち、加工具として使用されたものはマルスダレガイ科、クジャクガイ、そしてツノガイ類とシマワスレは装飾品（ビーズ）として使用されたものと考えられる。

3　貝は語る

当時は大隅諸島程度の気候？

貝類の同定を担当した千葉県立中央博物館の黒住耐二によれば、サキタリ洞のII層出土の貝類には、サンゴ礁特有の貝は見られない（**表1**）。また、マルスダレガイ科と同定された破片のうち、主体を占めるのはマツヤマワスレという二枚貝で、この種は現在、亜熱帯に属する沖縄近海には分布せず、より北方の暖温帯に分布する。

また、同じ層からはトコブシの仲間（ナガラメ）も見つかった。この種も現在では沖縄近海には分布せず、大隅《おおすみ》諸島の名産となっている貝である。以上のような種構成から、炭化物層が形成された約二万年前の沖縄近海の海水温は、現在よりもやや低く、サンゴ礁が発達していなかった可能性が考えられる。

仮に、大隅諸島程度の気候であったとすれば、当時は冬に霜が降りたり、雪が降ることもあったかもしれない。

一方、森林総合研究所の能城《のしろ》修一による炭化材の樹種同定では、アカガシ亜属やシイ属をはじめとする照葉樹林の構成要素が確認されており、気候がやや寒冷だったと考えられる当時でも、サキタリ洞周辺には照葉樹林が分布していたようだ。

貝の装飾品もあった

装飾品として利用されたと考えられるツノガイ類は、沖縄でもこれまでに縄文時代の遺跡から発見例があり、管状の形をしていることから、紐を通してビーズとして使われたと考えられている（図50）。世界的に見ても、西アジアやヨーロッパでは旧石器時代の遺跡からツノガイ類のビーズがたくさん発見されている。また、シマワスレは、殻頂《かくちょう》付近に内面側から穿孔《せんこう》されており、同様にビーズとして使用されたものと考えられる。

日本では、これまで北海

		FS層	FS層またはⅠ層	Ⅰ層	Ⅱ-1層	Ⅱ-2層	Ⅱ層	Ⅱ層（再堆積）	Ⅲ層	合計
二枚貝	ハイガイ	6								6
	シレナシジミ	1								1
	ウグイスガイ目	1	1		1					3
	リュウキュウマスオ	1		1						2
	ホソスジイナミ			1						1
	マルスダレガイ科			2	13	17	1	1	2	36
	クジャクガイ					3				3
	シマワスレ						3	2		5
	オキシジミ類							1		1
	二枚貝不明			3	3	3		1		10
ヒザラガイ類					2			1		3
ツノガイ類						2		1		3
巻貝	イボアナゴ	1								1
	カサガイ類	1								1
	カノコガイ	1								1
	クマノコガイ	1								1
	クモガイ	1								1
	サザエ類		1							1
	カンギク	1		3						4
	ニシキウズ科	1		1	1	3	1	1		8
	イシダタミ類			2						2
	マツムシ			2						2
	キバアマガイ			1						1
	トコブシ（ナガラメ型）			1		3			2	6
	チグサガイ					1				1
	イモガイ類			1			1			2
	オトメガサ（リュウキュウ型）							1		1
	巻貝不明					1				1
海産貝不明		3				2				5
合計		19	2	18	20	35	6	9	4	113

表1● 調査区Ⅰから出土した海産貝類
貝類の同定は黒住耐二氏（千葉県立中央博物館）による。シャコガイなどのサンゴ礁域特有の貝類は見られず、沿岸部の環境が現在とは異なっていたことがうかがえる。

道の旧石器時代の遺跡から、約二万年前ごろの石製やコハク製のビーズが発見されていたが、同じころ、沖縄でも貝殻製のビーズが使われていたことが明らかになったことは、たいへん重要である。沖縄の旧石器人は、装いにも気を使う、繊細な人びとであったようだ。ツノガイ類のビーズは、九州以北でも縄文時代の遺跡から数多く発見されており、それらとの関係が、今後議論できるようになるかもしれない。

じつは、旧石器時代の貝の道具は、石器や骨の道具にくらべると、世界的に見ても類例は少ない。もっともたくさん見つかっているのは貝殻でできたビーズの類で、約九万年前から使われていた証拠がある。このほか、ヨーロッパのネアンデルタール人や、インドネシアの約三万年前の旧石器人たちも、貝を打ち欠いて石器の代用品として使用していたといわれている。

一方、東アジアでは旧石器時代の貝器の例は乏しく、中国周口店《しゅうこうてん》の山頂洞で二万年前ごろの二枚貝（サルボオ類）のペンダントが見つかっている程度である。サキタリ洞の貝器は、その点でも貴重な類例を追加したと言えるだろう。

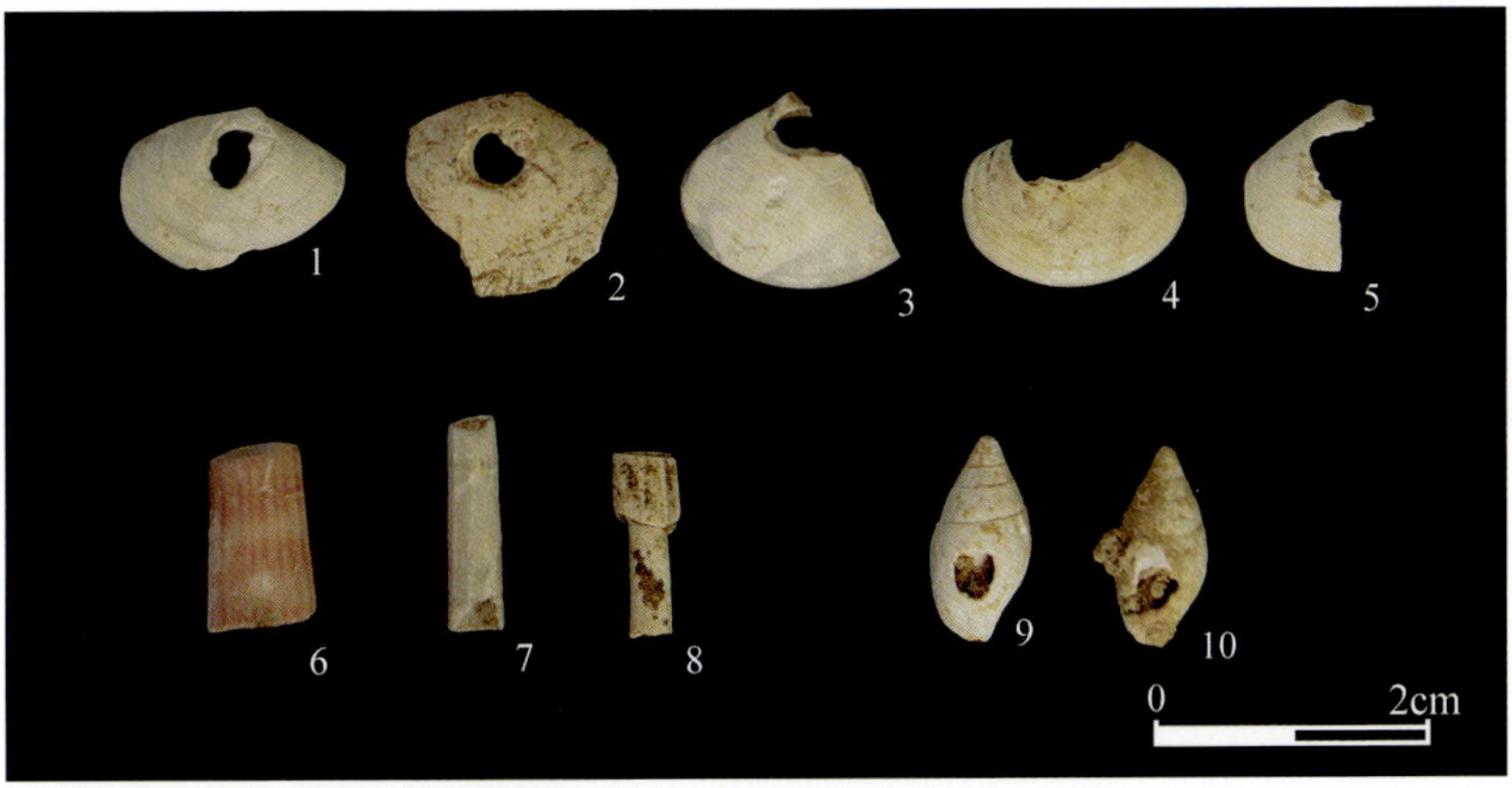

図50 ● 調査区Ⅰから出土した貝製ビーズ
1～5はシマワスレ、6～8はツノガイ類、9・10はマツムシ。シマワスレとマツムシには孔をあけている。ツノガイ類は打ち上げられた破損品をそのまま利用したもの。1～8はⅡ層、9・10はⅠ層出土。

採集を中心とした生活

ではなぜ、サキタリ洞の旧石器人は、石器ではなく貝器を使っていたのだろうか。

サキタリ洞の位置する沖縄島南部には、良質な石器石材が分布しない。石英の産地までは直線距離で三〇キロ以上、チャートの産地までは五〇キロ以上離れている。一方、海の貝は海岸で容易に入手できる。また、遺跡から見つかる動物遺体は、少量のイノシシと多量のモクズガニ、カワニナ、カタツムリからなり、狩猟活動が活発だったとはとうてい思えない。

動物遺体の分析を担当した藤田祐樹によれば、モクズガニを捕まえるのに、道具はほとんど必要ないという。民俗例ではタケなどの植物質でできたワナやカゴが用いられる程度で、石器でなく貝器でも、そうした植物質の加工は可能だったに違いない。また、カニが川を下るシーズンを考えると、この場所の利用は通年ではなく、季節的に限定された形の利用であった可能性も考えられる。

九州以北の旧石器遺跡からは、当時の狩猟具と考えられるナイフ形石器や槍先形尖頭器などの精巧な石器類が多数出土することから、それらを残した旧石器人たちは、優秀なハンターだったと考えられる。しかし、サキタリ洞の出土品から復元できる旧石器人像は、そうした勇猛果敢なハンターの姿からはほど遠い。彼らはむしろ採集を中心とした生活を送っていたようだ。

沖縄では、旧石器時代に限らず、縄文時代以降の遺跡でも狩猟や解体用の石器の出土点数は非常に少なく、かわりにさまざまな種類の貝器が出土する（図51）。そうした貝器文化が、旧石器時代にまでさかのぼって存在した可能性を、サキタリ洞の事例は物語っている。

同時に、これまで石器ばかりが注目されてきた日本の旧石器時代であるが、じつは旧石器人の文化にも驚くほどの多様性と柔軟性があったことを今回の発見は物語っている。

現在、サキタリ洞では約二万年前の炭化物層の下のⅢ層の調査がおこなわれている。部分的な試掘の結果では、Ⅲ層の最下部は約三万六〇〇〇年前にさかのぼるようである。まだ人類活動との関係は不明だが、今後の調査の進展が期待される。

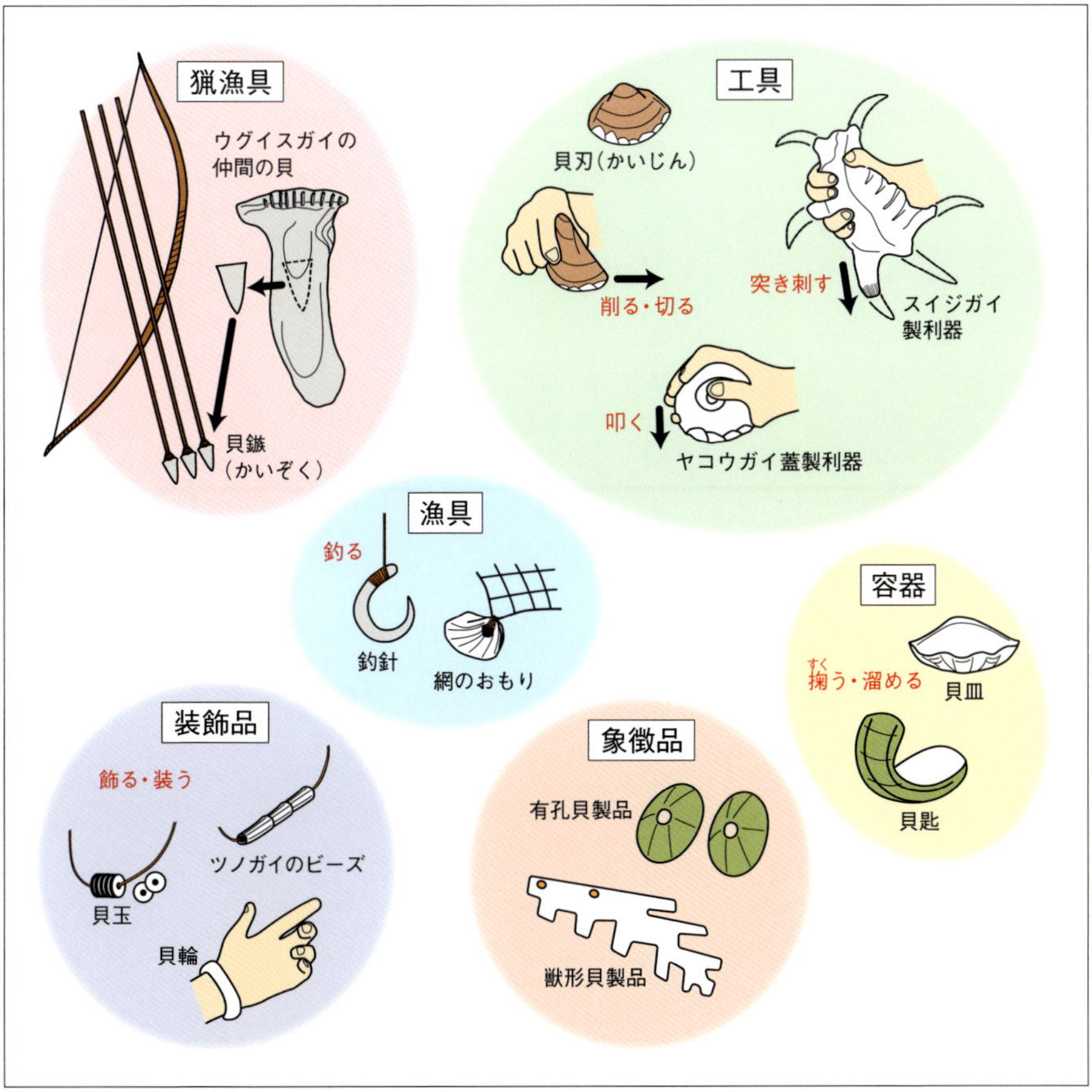

図51 ● 沖縄の先史遺跡から出土するさまざまな貝器
沖縄の先史人は、手近で入手できる貝殻を道具として
さまざまな用途に利用していた。

第4章　沖縄人類史の謎に迫る

1　見えてきた謎の答え

従来の沖縄における人骨化石調査は、古生物学的な観点からおこなわれたものが多く、同時に調査のむずかしい狭小な洞穴やフィッシャー内の堆積物を対象としたものが多かった。このため、通常の考古学的調査のように、遺跡の層序や遺物の産状を十分確認することは困難であった。しかし、白保竿根田原洞穴遺跡やサキタリ洞遺跡では、考古学的手法にもとづいて組織的な発掘調査が実施され、同時に堆積物の年代や出土した人骨などの遺物について、科学的データも蓄積することができた。

このように書くと、順当な調査がおこなわれたように聞こえるかもしれないが、実際の調査は困難の連続だった。洞穴の発掘は、そもそも積み重なる落盤礫や深い堆積層との闘いである。巨大な石灰岩礫が累積する堆積物を数メートルも掘り下げたり、膨大な土をフルイがけする作業はたいへん骨の折れるものだった。

しかし、こうした地道な発掘調査を通して、長らく課題とされてきた沖縄人類史の謎に迫る、新たな手掛かりが得られつつあることは、ここ数年の大きな進展である。

港川人が投げかけた第一の謎、旧石器人の生活場所や石器が見つからないことについては、サキタリ洞遺跡で姿をあらわしつつある貝器や石英製石器が一つの答えとなる可能性がある。

それと同時に明らかになりつつあるのは、人骨化石や動物化石の豊富さとは対照的な、石器などの人工遺物の乏しさである。白保竿根田原洞穴遺跡やサキタリ洞遺跡では、数十トンにのぼる土壌について組織的な水洗フルイ作業が実施されたにもかかわらず、明確な石器は、サキタリ洞の一万四〇〇〇年前の層準から発見された石英製石器のみであった。

したがって、これまでに調査された沖縄の旧石器人骨遺跡は、少なくとも九州以北の旧石器遺跡のように多数の石器が製作され、使用され、廃棄されるような場ではなかった可能性が考えられる。

ただし、これまで調査された遺跡が洞穴やフィッシャーに偏っており、開地遺跡が調査対象となっていないという事実も忘れてはならない。しかし、開地遺跡では人骨や貝器のような有機質遺物が発見できる見込みはほとんどないから困ったものである。

他方、白保竿根田原洞穴遺跡や港川フィッシャー遺跡におけるまとまった数の人骨の出土は、洞穴やフィッシャーが遺体を安置し葬る場所として利用された可能性を暗示しており、そうした場所では石器を用いた生業活動が頻繁におこなわれることはなかったのかもしれない。

いずれにせよ、こうした人工遺物の乏しい遺跡を、どのように認識し、調査・研究し、保護していくかという問題は、今後の沖縄の旧石器時代研究における喫緊の課題でもある。

そして港川人にまつわる第二の謎、長い空白の時代が介在することについては、近年の調査研究の進展によって、空白部分を埋めるいくつかの証拠が発見されつつあり、新たな展開を迎えている。

すなわち、沖縄諸島では、サキタリ洞遺跡において約一万四〇〇〇年前の石英製石器が発見され、八重山諸島では白保竿根田原洞穴遺跡において約一万年前の人骨や石器類が発見されたことによって、空白の時代は幾分埋められた。

しかし、まだ旧石器時代からその後の時代にかけての人類集団や文化の連続、あるいは断絶を議論できるほど十分な材料が得られているわけではない。今後の調査研究の進展が楽しみである。

2　東アジア縁海地域の人類史

困難だった「島」への適応

本書で述べたように、沖縄の島々には旧石器時代から人が住み、個性的な文化を営んでいた。しかし、じつは「島」という環境に、狩猟採集段階にある旧石器人が適応することは非常に困難であったと考えられている。

島への適応という観点から、沖縄の人類史解明に取り組んでいる高宮広土《ひろと》によれば、世界的に見ても、旧石器時代に人が存在した島はほんの一握りであったという。それだけ島への入植はむずかしかったということになる。

島に進出するためには、海を渡らなければならないこと、新天地で食料を確保しなければならないこと、人口を維持しなければならないことなど、さまざまな課題を克服する必要があった。沖縄のような小規模な島嶼に、断続的か連続的かはまだわからないが、旧石器時代以降、長期にわたって狩猟採集民がいたことは、「途方もない奇跡」だったと高宮はいう。

約二〇万年前にアフリカで誕生した現生人類（ホモ・サピエンス）は、南アジア、東南アジアを経て東アジアに広がっ

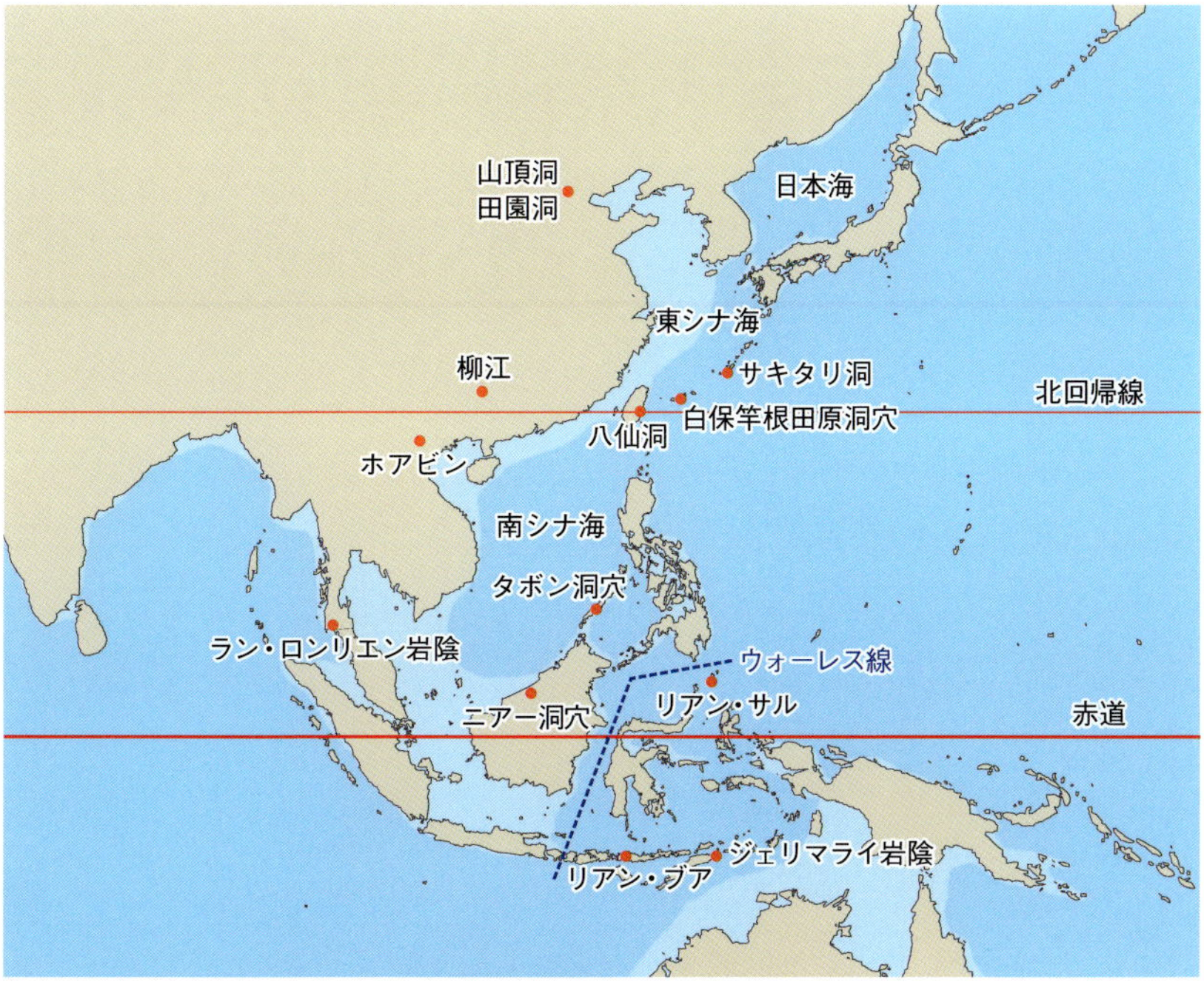

図52 ● 沖縄・中国・東南アジアの旧石器時代遺跡
薄い水色は約２万年前の旧石器時代に陸化していた範囲。現在のマレー半島からボルネオ島、ジャワ島に至る地域は陸化し、アジア大陸の一部となっていた（スンダランド）。

たと考えられている。現在のところ、東アジア最古の現生人類化石は、中国周口店の田園洞や、海面低下期にアジア大陸の一部となっていたスンダランド（スンダ陸棚）に位置していたボルネオ島のニアー洞穴などで出土しており、約四万年前のものと考えられている（**図52**）。

一方、現生人類が日本列島にやってきたのは、四万〜三万五〇〇〇年前ごろと考えられており、種子島を含む古本州島ではこの時期の遺跡が多数発見されている。沖縄でも、山下町第一洞穴遺跡から約三万六〇〇〇年前の現生人類化石が発見されており、古本州島とほぼ同時期に、現生人類が到達していたことがわかっている。

古本州島も沖縄も、当時はアジア大陸から切り離された島嶼であったと考えられており、人びとは何らかの手段で海を越えてやってきたことになる。

旧石器時代人の渡海の証拠

世界的に見て、旧石器時代人の渡海の証拠としてもっとも古いのは、フローレス原人の例である。フローレス原人は、二〇〇四年にインドネシア・フローレス島のリアン・ブア遺跡から発見された新種の原人で、身長約一メートル、脳容量約四〇〇ミリリットルと驚くほど小型の人類である（**図53**）。

フローレス島は、生物学の世界ではよく知られたウォーレス線（生物の分布境界線、**図52参照**）の東に位置し、アジア大陸と陸続きになったことはなかったと考えられている。同じフローレス島のソア盆地では、九〇万年前ごろの石器も発見されており、フローレス原人は非常に古い時代に、偶発的な漂流を含めたなんらかの手段で海を越え、フローレス島にたどり着いたようだ。そしてその後、島の環境に適応し、小型化したと見られる。

つぎに人類が海を越えた証拠が現れるのは、ぐっと新しくなり、約五〜四万年前のオーストラリアである。シドニーの西、七六〇キロにあるマンゴー湖遺跡などで当時の埋葬人骨が発見されており、現生人類が海を越えた証拠として広く知られている。

四万年前以降になると、人類が海を越えた事例は急激に増加する。日本列島や沖縄への渡来もその一例である。日本では旧石器時代の海洋航海の事例として、伊豆諸島

図53 ● フローレス原人と同時代の動物たち（国立科学博物館〔地球館〕展示）
フローレス原人は、大陸から長く隔絶された島嶼環境で、小型のゾウや大型のハゲコウの仲間、コモドドラゴンなどのユニークな動物たちと共存していた。

神津島《こうづしま》産の黒曜石が運搬された事例がよく知られている。本土と神津島を往還するこの航海は、三万五〇〇〇年前にはすでにおこなわれていた。この事例は、目的意識をもった往還航海の証拠としては世界最古のものと評価されている。

一方、沖縄への渡来は、トカラ列島の火山地帯や、沖縄島・宮古島間の広い海水面を越える必要があり、容易ではなかったと考えられる。考古学的には、沖縄諸島と宮古・八重山諸島に共通の文化が分布するようになるのは、グスク時代以降であり、旧石器人がこの間の海水面を越えるのは至難の業であったに違いない。いずれにせよ、沖縄に到達した旧石器人は、相当な航海技術をもっていたことがうかがわれる。

以上のように、旧石器時代の渡海の証拠は、アジア大陸東縁部に集中している。アジア大陸の東縁に連なる日本海、東シナ海、南シナ海、そしてウォーレス線の東に広がる多海島（ウォーレシア）は、大陸の縁辺に形成された縁海であり、その沖合には大陸から隔絶された島々が連なっている。日本や沖縄も、そうした島々の一つであった。アフリカを旅立った現生人類が、初めて大規模に海と島々の開拓に乗り出した場所、それがこのアジア大陸の東に広がる縁海地域であったのだ。

一方、この地域にはフローレス原人に代表されるように、現生人類ではない古代型人類も分布していた。日本や沖縄にそうした先行集団が分布していたという確実な証拠はないが、そうした先住者と新参者の現世人類が、資源の限られた島嶼環境においてどのような関係にあったのか、興味ある問題である。

不定形剥片石器文化と北上仮説をめぐって

ところで、沖縄の旧石器文化に関して検討を要する考古学的仮説として、加藤晋平や小田静夫による不定形剥片石器文化と黒潮を介した人類集団の北上仮説がある。

この仮説は、九州以北で見られるナイフ形石器や細石刃石器群などの定形的石器（図54）が、奄美や種子島の旧石器遺跡からは発見されないこと、さらに南方の台湾や東南アジアでも、同様に定形的石器に乏しい旧石器文化が分布することに着目したものであった。

台湾の旧石器文化として、早くから知られた長濱《ちょうひん》文化を代表する台湾東海岸の八仙洞《はっせんどう》遺跡は、隆起運動によって陸上に押し上げられた海蝕洞穴群からなる。この遺跡では、前面の海浜部で採集できる砂岩やカンラン岩、安山岩などの円礫を利用して、礫皮付の大型剥片が活発に製作されている（図55）。二次的な加工は低

図54 ● ナイフ形石器と細石刃

下のナイフ形石器（埼玉県所沢市砂川遺跡出土、左端8.3cm）は、狩猟のための槍先や獲物の解体具として、上の細石刃（長野県南牧村矢出川遺跡出土、左端2.5cm）は木製や骨製の柄にはめ込んで組み合わせ式の刃物として利用されたと考えられている。

調で、定形的な石器は少ない。長濱文化に類似した石器は、当時陸続していた中国大陸部にも認められるようである。

さらに南のベトナムでは、ホアビン文化とよばれる、玄武岩製の礫器を主とする石器文化が、約二万年前から八千年前ごろまで続いていた。ここでは円礫の片面に加工を施したスマトラリスとよばれる石器や、ショート・アックスなど長濱文化には見られない定形的な石器をともなう。

ホアビン文化の遺跡は、主にベトナム北部内陸部に分布し、石灰岩山塊の洞穴内に、淡水産巻貝からなる大規模な貝層が残されている（**図56**）。類似の文化は東南アジア大陸部に広く分布する。

一方、台湾や東南アジア大陸部では、日本や沖縄に現生人類が渡来した四〜三万年前にさかのぼる明確な石器群は少ない。タイのマレー半島西岸に位置するラン・ロンリエン遺跡下層は、約三万八〇〇〇〜三万年前の類例の少ない石器群であるが、出土した石器は主に地元のチャー

図55 ● 台湾・八仙洞の乾元洞、崑崙洞出土の石器
八仙洞遺跡を構成する海蝕洞穴群は、標高が高いものほど形成時期が古い。写真の石器は、洞穴群中最も高い位置にある崑崙洞（標高130m）および乾元洞（標高120m）から出土したもの。

トからなり、総数は四五点、そのうち三分の一は石核石器や石核で占められている。

加藤や小田は、こうした東南アジアや台湾の石器群を「不定形剥片石器群」と総称したが、実際には石器群の地域的差異も大きく、これらを一括することは考古学的に見て適当ではない。

類似点があるとするならば、狩猟具でなく加工具が主体となる石器群であるという点である。東南アジアでは、原人の時代から現生人類の時代まで、人類が使用した石器の技術や形態に大きな変化は認められないため、石器はタケをはじめとする植物質を加工するための一般的な加工具に過ぎず、特殊化した道具は植物質を素材としていたという仮説、いわゆるタケ仮説が提示されてきた。

ベトナムの考古学を専門とする西村昌也は、ホアビン文化のスマトラリスを、木材を加工する石斧だったと考えた。現在よりも寒冷だった旧石器時代にも、温帯に近い環境で森林に覆われていたと考えられるこの地域では、石斧をはじめとする植物質

図56●ホアビン文化の洞穴内貝層（ベトナム・ドゥサン遺跡）
白く見えるのが淡水産巻貝。おびただしい数の貝殻が堆積している。ホアビン文化では、狩猟だけでなく採集活動も活発におこなわれていたようだ。

加工のための礫器類が活発に製作・使用されていたようだ。

翻って、サキタリ洞の石英製石器や貝器からなる文化は、古本州島のような定形的な狩猟・解体具をともなう石器文化と異なるだけでなく、台湾や東南アジアの礫器・剝片文化とも異なっている。つまり、南北いずれの地域とも異なる個性的な文化だったといえる。

以上のように、現在のところ文化遺物から見るかぎり、沖縄の後期旧石器文化の系譜は不明といわざるを得ない。確かなことは、旧石器時代のサキタリ洞では、すでに良質石材の乏しい沖縄の資源環境に適応した技術体系が構築されていたに違いない、ということである。

3 島に生きた旧石器人

陸獣の捕食にもとづく生業からの転換

狩猟対象獣を追ってアフリカを出発した現生人類は、乾燥したサバンナやステップ、湿潤な樹林帯を踏破して極北のツンドラやスンダランドの熱帯雨林に到達した（図57）。陸獣資源は彼らの重要なタンパク源となっていた。

スンダランドの住人は、やがてウォーレス線を越え、パプア・ニューギニアやオーストラリアへ進出していった。出アフリカ以来の陸獣の捕食にもとづく生業は、獣類資源の豊富な地域では有効な戦略であったが、アジア大陸を離れ、海域世界に足を踏み入れた人類は、狩猟資源の乏しい環境にも直面することとなった。

そうした環境に直面した時、生き残るために人類は、伝統的な生業戦略を転換せざるを得なかったに違いない。ウォーレス線の東に位置する東南アジア島嶼部では、近年、東ティモールのジェリマライ岩陰やインドネシア・タラウド諸島のリアン・サル遺跡などで、約四万年前以降の豊富な動物遺体をともなう旧石器遺跡が調査されている（**図52参照**）。

ジェリマライ岩陰では一平方メートルのテストピット二カ所から求心状の剥離痕をもつ石核や不定形なスクレイパーに特徴づけられる合計九七五二点の石器が出土し、そのうちの一カ所からは三万八六八七点にのぼる膨大な数の魚骨が出土した。

とくに、四万二〇〇〇～三万八〇〇〇年前の地層からは、ブダイやハタ、ニザダイの仲間などの近海魚二七個体とともに、サバやアジ、メジロザメの仲間などの外洋魚五三個体が出土しており、当時の人びとは驚くべきことに活発な外洋魚の捕獲をおこなっていたようだ。さらに、二万三〇〇〇～

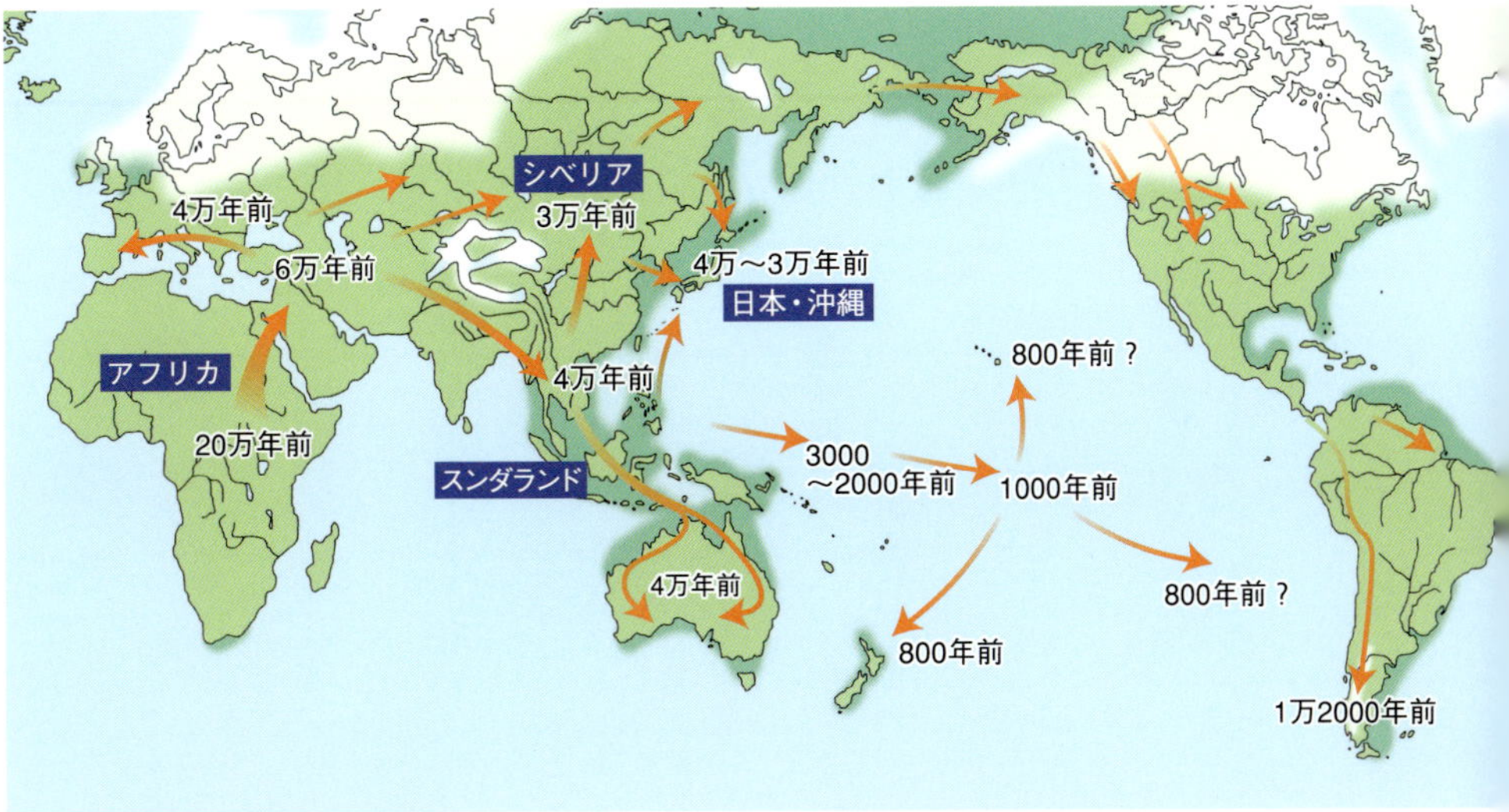

図57 ● 人類のアフリカからの経路
現生人類（ホモ・サピエンス）は約20万年前にアフリカで誕生し、世界各地に広がった。東南アジア・オーストラリア・中国では約4万年前、日本・沖縄では約4～3万年前には現生人類が到達していた証拠が見つかっている。

一万六〇〇〇年前の地層からは、世界最古の巻貝製釣針も出土している。

また、リアン・サル遺跡では、六平方メートルの調査区から九四六五点の石器が出土し、三万五〇〇〇~三万二〇〇〇年前の地層からは、アマオブネやサザエの仲間などの岩礁に棲む巻貝を主とする、七八三点の海産貝類が出土した。

これらの遺跡から出土した石器群は、珪質《けいしつ》石材（チャート）を利用した小型剥片石器であり、ホアビン文化をはじめとする東南アジア大陸部の石器群とは大きく異なっている。人骨が出土していないため、これらの石器群の荷担者は不明であるが、海産資源の集中的利用という点では、現生人類の所産とみなすのが妥当だろう。いずれにせよ、こうした事例は、獣類資源の乏しい島に到達した旧石器人が、海産資源の開発に積極的に乗り出したことを物語っている。

一方、旧石器人が渡来した当時、アジア大陸から切り離された島となっていた古本州島には、ナウマンゾウやオオツノジカといった大型獣を含む固有の動物群が分布していた。また、大陸と陸続していた古北海道半島には、マンモスやバイソンなど北方系の動物群が南下し、その一部は津軽海峡を越えて古本州島まで進出していたことが知られている。そうした陸獣類は、旧石器人たちの重要なタンパク源となったに違いない。

現生人類の柔軟な適応力

これに対して、早くから島嶼化が進んだトカラギャップ以南の中琉球や南琉球の島々では、中大型の動物相が著しく貧弱であった。沖縄に旧石器人が到達した約三万六〇〇〇年前ごろには、リュウキュウジカやリュウキュウムカシキョンといった陸橋時代の遺存種が生息していたが、次第に絶滅に向かっていった。こうしたシカ類を、人類が捕食していたという積極的証拠はまだ得られてない。

しかし、シカ類絶滅後、湿潤な林床を好むイノシシが急激に増加し、人類の狩猟対象となっていった。モクズガニやカワニナなどの淡水資源の獲得も、重要なウェイトを占めていたに違いない。サキタリ洞の断片的な物証はそうした状況を物語っている。

沖縄の旧石器文化が、古本州島をはじめとする周辺地域のそれとは大きく異なる表現形をとっているのは、島嶼環境における石材資源の乏しさに加えて、そうした生業の転換をも背景とした現象だったのではないだろうか。同時に、こうした事例は、過酷な環境に進出した現生人類（ホモ・サピエンス）の、柔軟な適応力を物語るエピソードでもあると言えよう。

沖縄最初の住人が、どこから、どのようにして沖縄の島々に到達したのかは定かではない。しかし、本土からはるかに隔たった海上の小島にたどり着いた旧石器人たちが、この島々で生きていたことは疑うことのできない事実である。そしてこの点が、沖縄の歴史を世界的にもユニークなものにしている。

本書に登場した多くの人びとをはじめ、あまたの考古学者、人類学者たちが、沖縄の焼けつくような日差しの降り注ぐ遺跡で、あるいは洞穴や岩陰の暗がりで、過去の人類史を解明しようと努力してきた。本書を通して、そうした営みと魅力の一端を感じ取っていただければ幸いである。

参考文献

安里嗣淳　二〇一一『先史時代の沖縄』南島文化叢書二五　第一書房
安里進・土肥直美　一九九九『沖縄人はどこから来たか』ボーダーインク
印東道子編　二〇一三『人類の移動誌』臨川書店
大山盛保生誕一〇〇年記念誌刊行会　二〇一二『港川人の発見者・大山盛保生誕一〇〇年記念　通いつづけた日々』
沖縄県立博物館　二〇〇二『特別展　港川人展』図録
沖縄県立博物館・美術館　二〇一二『企画展　大山盛保生誕一〇〇年記念　発見への情熱』図録
沖縄県立博物館・美術館　二〇一四『企画展　サキタリ洞遺跡発掘調査速報展』図録
沖縄県立博物館・美術館　二〇一四『サキタリ洞遺跡発掘調査概要報告書Ⅰ』
沖縄県立博物館・美術館　二〇一五『サキタリ洞遺跡発掘調査概要報告書Ⅱ』
沖縄県立埋蔵文化財センター　二〇一三『白保竿根田原洞穴遺跡』
小田静夫　二〇一四『旧石器時代』考古調査ハンドブック九　ニューサイエンス社
神谷厚昭　二〇一五『地層と化石が語る琉球列島三億年史』ボーダーインク
具志頭村教育委員会　二〇〇二『港川フィッシャー遺跡・重要遺跡確認調査報告』
国立科学博物館　二〇一四『自然と科学の情報誌［ミルシル］』四〇号　特集最初の日本人を考える
高宮広土　二〇〇五『島の先史学・パラダイスではなかった沖縄諸島の先史時代』ボーダーインク
西都原考古博物館　二〇一二『国際交流展　人の来た道・東アジアの旧石器時代と宮崎』図録
堤隆　二〇〇九『旧石器時代ガイドブック』シリーズ「遺跡を学ぶ」別冊二　新泉社
西村昌也　二〇一〇「東南アジア・南中国の旧石器時代」『講座日本の考古学二　旧石器時代（下）』青木書店
西村昌也　二〇一一『ベトナムの考古・古代学』同成社
馬場悠男編　二〇一二『季刊考古学』一一八号　特集古人類学・最新研究の動向　雄山閣
マイク・モーウッド　二〇〇八『ホモ・フロレシエンシス（上・下）』日本放送出版協会
山崎真治・西秋良宏・赤嶺信哉・片桐千亜紀・仲里健・大城逸朗　二〇一二「サキタリ洞の後期更新世堆積層中より出土した石英標本に関する考古学的研究」『日本考古学』三四
山崎真治・藤田祐樹・片桐千亜紀・黒住耐二・海部陽介　二〇一四「沖縄県南城市サキタリ洞遺跡出土の後期更新世の海産貝類と人類との関わり」『Anthropological Science（Japanese Series）』一二二

白保竿根田原洞穴遺跡

・石垣市白保

新石垣空港敷地内にあり、発掘調査を継続中。2015年現在、公開はしていない。

サキタリ洞遺跡

・南城市玉城字前川
・交通　バスで那覇市内より約60分「玉泉洞前」下車、徒歩2分。車で那覇空港から約40分

観光施設「ガンガラーの谷」入り口にある。問い合わせは「ガンガラーの谷」098（948）4192へ。

港川フィッシャー遺跡

・島尻郡八重瀬町長毛
・交通　車で那覇空港から約50分、具志頭歴史民俗博物館から約10分

左の具志頭歴史民俗博物館へ事前に手続きをおこなえば見学可能。

具志頭歴史民俗博物館

・島尻郡八重瀬町字具志頭352
・電話　098（835）7500
・開館時間　9：00～17：00（入館は16：30まで）
・休館日　月曜（祝日・振替休日の場合は翌日）、祝日の翌日、慰霊の日（6月23日）、年末年始（12月29日～1月3日）
・入館料　一般200円、高校生以下100円
・交通　バスで那覇市内より約50分「具志頭」下車、徒歩1分

大山盛保と港川人について常設展示している。

沖縄県立博物館・美術館

・那覇市おもろまち3―1―1
・電話　098（941）8200
・開館時間　9：00～18：00（入館は17：30まで）、金土は20：00まで開館（入館は19：30まで）
・休館日　月曜（祝日・振替休日・慰霊の日の場合は翌日）、年末（12月29～31日）
・入館料　博物館常設展一般410円、高校大学生260円、小中学生（県外）150円、同（県内）無料
・交通　ゆいレール「おもろまち駅」下車、徒歩10分。バスで那覇市内線3・7・10番線で「県立博物館前」下車ほか。

常設展（部門展示）の自然史・考古部門展示で、発掘調査によって出土した実物資料を用いて、琉球列島の人びとの暮らしぶりや地域的な特徴、時代の変化などをわかりやすく紹介している。

沖縄県立博物館・美術館

遺跡には感動がある

――シリーズ「遺跡を学ぶ」刊行にあたって――

「遺跡には感動がある」。これが本企画のキーワードです。

あらためていうまでもなく、専門の研究者にとっては遺跡の発掘こそ考古学の基礎をなす基本的な手段です。また、はじめて考古学を学ぶ若い学生や一般の人びとにとって「遺跡は教室」です。

日本考古学では、もうかなり長期間にわたって、発掘・発見ブームが続いています。そして、毎年厖大な数の発掘調査報告書が、主として開発のための事前発掘を担当する埋蔵文化財行政機関や地方自治体などによって刊行されています。そこには専門研究者でさえ完全には把握できないほどの情報や記録が満ちあふれています。しかし、その遺跡の発掘によってどんな学問的成果が得られたのか、その遺跡やそこから出た文化財が古い時代の歴史を知るためにいかなる意義をもつのかなどといった点を、莫大な記述・記録の中から読みとることははなはだ困難です。ましてや、考古学に関心をもつ一般の社会人にとっては、刊行部数が少なく、数があっても高価なその報告書を手にすることすら、ほとんど困難といってよい状況です。

いま日本考古学は過多ともいえる資料と情報量の中で、考古学とはどんな学問か、また遺跡の発掘から何を求め、何を明らかにすべきかといった「哲学」と「指針」が必要な時期にいたっていると認識します。

本企画は「遺跡には感動がある」をキーワードとして、発掘の原点から考古学の本質を問い続ける試みとして、日本考古学が存続する限り、永く継続すべき企画と決意しています。いまや、考古学にすべての人びとの感動を引きつけることが、日本考古学の存立基盤を固めるために、欠かせない努力目標の一つです。必ずや研究者のみならず、多くの市民の共感をいただけるものと信じて疑いません。

二〇〇四年一月

戸沢充則

著者紹介

山崎真治（やまさき・しんじ）

1977年高知県生まれ。

東京大学大学院人文社会系研究科博士課程修了（文学博士）。

現在、沖縄県立博物館・美術館博物館班主任。

主な著作 An Archaeological Study of the Jomon Shellmound at Hikosaki. *The University Museun, The University of Tokyo, Bulletin.* No. 43.,「縄文後期の広域圏と異系統土器の動態」（今村啓爾編『異系統土器の出会い』同成社）

写真提供（所蔵）
馬場悠男：図1／東京大学総合研究博物館：図2・3（左2点）・13（左）／沖縄県立博物館・美術館：図3（右2点）・4（左）・41・43～46・48・49・50／国立科学博物館：図4（右、画：山本耀也、監修：海部陽介、坂上和弘、馬場悠男）・53／大山盛弘：図5・6・7・8・9・10／城間恒宏：図12／沖縄国際大学総合文化学部：図13（右）／沖縄県立埋蔵文化財センター：図16・18～21・25～28（上）・29～33・35・36・38／土肥直美：図22・23／米田穣：図24／河村善也・河村愛：図34／堤隆：図54（上）／明治大学博物館：図54（下）／國立台灣大學人類學博物館：図55

図版出典（一部改変）
国土地理院：図17（1/25000地形図「白保」）・図40（1/25000地形図「知念」「糸満」）／沖縄県立埋蔵文化財センター 2013：図37／篠田謙一：図39／沖縄県立博物館・美術館 2015：図42・47・表1

上記以外は著者

シリーズ「遺跡を学ぶ」104

島に生きた旧石器人・沖縄の洞穴《どうけつ》遺跡と人骨化石

2015年10月15日　第1版第1刷発行

著　者＝山崎真治
発行者＝株式会社 新 泉 社
東京都文京区本郷2－5－12
TEL 03（3815）1662／FAX 03（3815）1422
印刷／三秀舎　製本／榎本製本

ISBN978－4－7877－1534－0　C1021

シリーズ「遺跡を学ぶ」

第1ステージ（各1500円＋税）